UNIVERSITY OF NORTH CAROLINA
STUDIES IN THE ROMANCE LANGUAGES AND LITERATURES
Number 105

LOPE DE VEGA'S
LO QUE PASA EN UNA TARDE

LOPE DE VEGA'S
LO QUE PASA EN UNA TARDE

A CRITICAL, ANNOTATED EDITION OF THE
AUTOGRAPH MANUSCRIPT

BY

RICHARD ANGELO PICERNO

CHAPEL HILL
THE UNIVERSITY OF NORTH CAROLINA PRESS

DEPÓSITO LEGAL: V. 2.836 - 1971

ARTES GRÁFICAS SOLER, S. A. - JÁVEA, 28 - VALENCIA (8) - 1971

PREFACE

My critical edition has involved a reading and transcription of a microfilm of the original manuscript of Lo que pasa en una tarde to achieve an accurate text. My text retains the orthography of the original manuscript with its various inconsistencies, to which I have added modern punctuation, capitalization and accentuation. Abbreviations, which are found in this as in other autographs of Lope, have been resolved, and the letters added have been placed in brackets, with two exceptions: q for que, either as a separate word or as part of a word, and the shortened forms of names of characters both in the distribution of the speeches and when these names are mentioned in the speeches. These abbreviations are so numerous that the use of brackets in each case would mar the typographical appearance of the pages.

Combinations of the preposition de with a personal pronoun or demonstrative adjective or pronoun are left unchanged — deste, dellas — but are acented according to modern usage: dél. For the sake of easier reading, words run together by Lope are separated when it seems that no compound was intended: a tal, a tan, a un, de término. In other cases, words broken into component parts by Lope have been written as one word, following the modern usage: entre (preposition) tanbién, bienvenido, bienquisto, porque.

Whenever Lope has made what would be a modern error of omission — writing, for example, llege for llegue — the omission has been bracketed, and whenever Lope has omitted one of two similar, contiguous vowels, the omitted vowel has been bracketed: suplíco[o]s, aza[ha]r. Likewise, stage directions not *indicated by Lope have been added in brackets, and lines spoken aside by the characters have been placed in parentheses.*

I have described the details of the manuscript and I have attempted to collate my text with all the printed versions known to exist: the edition of Dr. Dmitrii K. Petrov, of the Royal University of St. Petersburg, Russia; the Royal Spanish Academy's new edition, found in the collection Obras de Lope de Vega; *the edition of Eduardo Juliá Martínez, in his* Obras dramáticas escogidas; *and Madre Merill's edition of 1949. At the end of the text I have provided notes which serve to clarify the historical and syntactical problems raised by the text, and which relate Lope's thoughts and expressions to passages in other plays written by him. I have preceded the text with an introduction dealing with the setting of the play and the dramatic technique employed by Lope in this and other dramas of a similar genre. Finally, I have included a study of all verse forms used by Lope in this drama.*

I wish to acknowledge with sincere gratitude the advice, direction and encouragement given to me by Professor Josefina Romo-Arregui of the University of Connecticut. Her help has been of utmost importance to me, and I heartily thank her.

TABLE OF CONTENTS

	Page
PREFACE	7
ABBREVIATIONS	11
INTRODUCTION	13
I The autograph manuscript and variant editions	13
II An analysis of the play	17
III A literary examination of the play	21
IV The setting for *Lo que pasa en una tarde*	28
V A word about the versification	35
VI Conclusions	40
TEXT OF *Lo que pasa en una tarde*	45
Act I	47
Act II	81
Act III	115
NOTES	151
BIBLIOGRAPHY	187

ABBREVIATIONS

Ac. *Obras de Lope de Vega publicadas por la Real Academia Española,* Madrid, 1890-1913, 15 vols.

Ac.N. *Obras de Lope de Vega publicadas por la Real Academia Española* (Nueva edición), Madrid, 1916-1930, 13 vols.

T.A.E. *Teatro antiguo español,* Madrid, 1916-1940. 9 vols.

R. *Biblioteca de autores españoles,* Rivadeneyra, vols. I, II, III, IV.

INTRODUCTION

I. THE AUTOGRAPH MANUSCRIPT AND VARIANT EDITIONS

The autograph manuscript of *Lo que pasa en una tarde* is located in the *Biblioteca Nacional* of Madrid, and is numbered 1934, with signature R-92.[1] According to Hugo A. Rennert[2] the autograph, formerly in the Osuna collection, is dated November 22, 1617, in Madrid, and Thomás Gracián Dantisco signed the *censura* for the *comedia's* presentation, also in Madrid on December 10, 1617. Lope cites the work in the second list of his *comedias*, printed in the *El peregrino en su patria*, Madrid, 1618.

Rennert and Castro, in their *Vida de Lope de Vega*,[3] inform us that Villegas was the *autor* who represented the play and played the part of don Félix. A manuscript of the *comedia* was obtained by the *autor* Juan Jerónimo Amella in Valencia, in 1628.[4]

Lo que pasa en una tarde has been edited four times, and all four editions were done in the twentieth century. The first edition is that of Dr. Dmitrii K. Petrov of the Royal University of St. Petersburg, Russia. This edition, of 1907, appears in the *Publications of the Historical-Philological Faculty of the University of St. Petersburg* and forms the second tome of volume 82. The first tome contains *Comments on the History of Ancient*

---

[1] A. Paz y Melia, *Catálogo de las piezas de teatro que se conservan en el departamento de manuscritos de la Biblioteca Nacional*, 1934, I, p. 296.

[2] Hugo A. Rennert, *The Life of Lope de Vega*, 1904, p. 254.

[3] Hugo A. Rennert and Américo Castro, *Vida de Lope de Vega*, 1919, p. 492.

[4] H. Mérimée, *Bulletin Hispanique*, VIII, p. 378.

Spanish Comedies by Petrov. Petrov reproduced the autograph manuscript with great detail, retaining its orthographic peculiarities and employing modern punctuation. Dr. Petrov also added a section of notes dealing with the corrections made in the manuscript either by Lope or by one of his followers. We shall designate this edition as *A* in collating it with our text.

The second edition of *Lo que pasa en una tarde* is found in the *Obras de Lope de Vega,* published by the Royal Spanish Academy of Madrid in its new edition of 1916. This edition, done by Emilio Cotarelo y Mori, is located in tome 2 of the *Obras de Lope de Vega,* and also follows the autograph manuscript, but in modern Spanish orthography and without the abbreviations of the autograph. This edition will be designated as *Ac.N.* in our critical comparison.

The third edition is that of Eduardo Juliá Martínez in his *Obras dramáticas escogidas,* volume 5. Juliá Martínez' edition, dated 1935 in Madrid, follows the autograph manuscript in modern Spanish orthography, as does Cotarelo y Mori's edition, but with the noteworthy addition of footnotes on each page of the text. Juliá Martínez' footnotes describe the original orthography of the manuscript and all erasures and corrections made on the manuscript by Lope or others. We will designate this edition as *B*.

The final edition is that of Madre Merrill, and it appeared in 1949 in Berkeley, California. Merrill's edition also follows the autograph manuscript, using modern punctuation and spelling out completely all abbreviated words in the text of the play. This edition will be *C* in our critical comparison.

Little critical reference has been made to *Lo que pasa en una tarde*. Eduardo Juliá Martínez[5] reminds us that Lope's primary intent in this work was to mock the Aristotelians of his time. Juliá Martínez sees little esthetic value in the *comedia* and even states that Lope was never as careless with theatrical defects and missing verses as in *Lo que pasa en una tarde*. According to Juliá Martínez, it is rather difficult to ascertain the place of the *comedia's* action by the references made in the work.[6] How-

---

[5] Eduardo Juliá Martínez, *Obras dramáticas escogidas,* 1935, p. 7.
[6] Ibid., p. 9.

ever, references are made to the attractive *Casa del Campo*, the *Prado*, the Manzanares River, and the *fiestas de Castilla*, sites and galas typical of old Madrid and its environs. Cotarelo y Mori[7] sees Lope portraying some of his own personal remembrances in this work of old Madrid, a Madrid so beloved by the *Fénix*.

Regarding the manuscript, Lope's *rúbricas*, or flourished signatures, can be found in the following places: on the frontispiece; on the three unnumbered folios which announce the characters of each act; at the end of each act; and on the two unnumbered folios which announce acts two and three. This is the *rúbrica* regularly used by Lope in his manuscripts of all periods. Likewise, a cross drawn by Lope (✞) is found in the center of the frontispiece at the top of the page, on the two unnumbered folios where the second and third acts are annouced, and on the three unnumbered folios which announce the characters of each act. Lope, in drawing these crosses, was keeping with the common practice of the Catholics of his time. In the center and at the top of all the other folios are the initial letters J, M, J, A Cu, or Co, standing for *Jesús, María, José,* and *Ángel Custodio*, and *Custodio*. At times the initial letter of *José* is omitted, and at other times the initial letters of *Jesús* and *José* are omitted. At the top of each first folio for all three acts Lope has drawn a guardian angel. Finally, crosses (✠) have been made in the margins to indicate the entrance or departure of the play's characters from different scenes.

The acts are of average length: Act 1 consists of 1052 lines and occupies 18 folios. Act II has 987 lines and occupies 17 folios, and Act III has 977 lines and occupies 17 folios. A typical device found on the autograph is the long line drawn horizontally across the page, which indicates that the stage is left empty. Lope has drawn these lines without his *rúbrica* beneath lines 193, 732 and 774 in Act I; beneath lines 1101, 1322 and 1591 in Act II; Act II also has a line with a *rúbrica* under line 1181; there are more horizontal lines in Act III drawn beneath lines 2235 and 2580.

---

[7] Emilio Cotarelo y Mori, *Obras de Lope de Vega*, 1916, p. 10 *del prólogo*.

As in other autographs, there are several passages boxed-off by Lope for rejection or approval by the stage managers or actors. In Act I Tomé's speeches in lines 977-984 and lines 989-1008 have been boxed-off; in Act II further lines of Tomé have been so treated: lines 1414-1417 and lines 1812-1830; the following lines spoken by Tomé have been so enclosed in Act III: 2691-2711 and 2855-2858. Also in Act II, Juan's three line speech from 2583-2585 has been boxed-off. In Act I Lope has drawn a symbol (⊞) in the margin after line 686. It appears that this symbol was drawn to indicate the presence of Julio in this scene.

Upon completing the play, Lope wrote a pious ascription, a custom which he regularly practiced. The Latin initials used by Lope at the end of *Lo que pasa en una tarde* are *de M. V. csmpo*, and they appear to stand for: "de Matre Virgine, concepta sine macula peccati originalis." Also included with the pious ascription are the words, "loado sea el Santíssimo Sacramento," a phrase which Lope began to use in his manuscripts about 1610. [8]

The usual *censura*, or the censor's approval of the text is found on the last folio of the drama. The *censura* is signed by one Thomás Gracián Dantisco who, as Fichter informs us, [9] was a close friend of Lope's and had even been a witness for Lope at his marriage by proxy to Isabel de Urbina in 1588. Gracián Dantisco gave the *censuras* on almost all the Lopean autographs during the years 1600-1617. Also on the last folio is found the signature of one H. Salazar, who was, in all probability, a witness to Gracián Dantisco's *censura*.

Among the many orthographic peculiarities of Lope's throughout the *comedia*, let us mention the following: the letter *m* always appear as *n* before *p* and *b*, *enpleados, conpuestas*; *aunque* and *que* are always abbreviated to *aunq* and *q*; Lope insisted on the use of the *ç*, *agradeçidos, reçelos*, and at times the intervocalic *c* is a *z*, *hazia, dize*; the voiced intervocalic *s* is written *ss*, *esso, basso, passaua*; *i* in the initial position is usually written *y*, *yguales, Ynes, yntentos*; *i* in an interior position is sometimes *y*, *beynte, frayle, reynas, soys*; and in the final position *i* at times remains

---

[8] William L. Fichter, *El sembrar en buena tierra*, 1944, p. 233.
[9] Ibid., p. 236.

unchanged, *mui*. Further examination of the manuscript shows that the letter *m* becomes *n* preceded by *y*, *ynportan, ynprouiso;* the fricative unvoiced sound of *j* is represented by *x*, *truxeron, dixistes, mexor;* Lope's practice of using the *-es* ending for the second person plural of the preterite is evident in this as in other autographs, *dixistes;* ofender, afición, efeto and their derivatives are always spelled with the double *f: offenden, affiçion* and *effeto;* use of the double *r (rr)* is seen in *enrredo* and *onrra*. Lope insists on the use of *b* instead of *v*, as we notice in the following words: *desbarios, probecho, nuebas, fabor, brabo, baliente, beynte, biudas, serbian,* and in the preterites of *tener* and *estar*. S is used instead of *x*, as in *Felis; muger* and *mugeres* are used instead of *mujer* and *mujeres,* and the use of *u* instead of *v* is noted in these words: *marauilla, oluida, ausentaua, ynuierno, diuina inuencion;* the contrary spelling is noted in the words *vn, vna* and *vnbrales; u* is used instead of *b* in *estaua, daua, reciuir* and *escriuir. Creer* is spelled *creher,* and *traer* is spelled *traher* in all its forms. The form *guelgome* is employed instead of *huélgome,* as is *guesped* in place of *huésped*. The verb *reír* is *reyir,* and the name *Jerónimo* is always spelled *Geronimo*. Lope's use of metastasis is observed in the words *dalde, decilde* and *tenelda,* instead of *dadle, decidle* and *tenedla,* and he uses assimilation in the forms *oluidalla* and *ymaginalla,* for *olvidarla* and *imaginarla*. The initial *c* becomes *q* in *quando, qual, quatro, quanto* and *qualquiera*. Lope writes *honbre, onbre* and *hombre,* and both *nonbre* and *nombre,* and we also notice the archaic verbal form *sepades* for *sepáis* in the manuscript. Finally, Lope does not use accent marks, *Tome,* (yo) *perdi, teneis,* but he does adhere to the use of the tilde: *desengaños, años,* and *estrañas*.

II. AN ANALYSIS OF THE PLAY

Act One

Doña Blanca, the heroine of the drama, is annoyed by the absence of her lover don Juan, who has attended the *fiestas de Castilla* without Blanca. Blanca, to take vengeance on don Juan, suggests to her maid Inés that she may marry Félix, a friend of her father's. Félix' servant Julio enters and gives Blanca twenty *doblones* which his master has won in gambling. Blanca returns the favor by sending Félix a sash which don Juan had previously given her, but only, as she tells Inés, to avenge herself for don Juan's absence, since she really does not love Félix. Tomé, don Juan's servant, arrives, and is coldly received by Blanca. He later describes her cool reception to don Juan, and he also advises don Juan to be cautious in his dealings with Blanca, since many things can happen in an afternoon when love is concerned. Don Juan, realizing that Blanca, in a jealous rage, has suggested that she may marry Félix, decides to return the trick by proposing to Teodora, a young lady who loves him. He signs a paper declaring his intent to marry her and then tells Blanca of his love for Teodora. Teodora informs Blanca of don Juan's proposal, and Blanca responds by stating that she intends to marry Félix, since this is the only recourse left to her. Confronted later with Félix, Blanca curses the vengeance she has taken on don Juan. Gerardo, Blanca's father, then tells don Juan of Blanca's intention to marry Félix, and Blanca, realizing that don Juan has promised to marry Teodora, sadly resigns herself to her fate. At this moment Marcelo, Blanca's brother, returns from the wars in Milan and expresses his dismay upon learning that don Juan intends to marry Teodora, since he (Marcelo) loves her. Don Juan, following Tomé's lead, tells Marcelo that his proposal to Teodora was motivated by jealousy, and that in reality he loves Blanca. He asks Marcelo to prevent Blanca's marriage to Félix; thus Blanca will be free to marry don Juan, and Teodora, to marry Marcelo. Blanca then tells ·Marcelo that she willingly would leave Félix for don Juan if don Juan were to abandon Teodora. She subsequently tells Teodora that since Marcelo loves her, don Juan has promised Marcelo not to marry dear Teodora; such is the respect which don Juan has for his friend Marcelo. Blanca, in a dramatic scene with don Juan, tells him that she really doesn't love Félix, but was seeking only to take revenge on don Juan and his absence at the *fiestas de Castilla*. The first act ends with Blanca suggesting to don Juan that the two lovers continue their discussion at the *Casa del Campo*.

Act Two

At the *Casa del Campo,* Marcelo expresses his love to Teodora, who rebukes him and tells him that she is to be the wife of don Juan. Marcelo tells Teodora that he has always loved her, and he angrily threatens don Juan. Blanca then reads don Juan's written declaration of love to Teodora and swallows it, seeking to destroy the promise which don Juan has made to Teodora, a promise which he made only to arouse Blanca's jealousy. Tomé, disguised as a gardner of the *Casa del Campo,* arranges for Blanca to secretly meet don Juan. Simultaneously, and quite unwittingly, he arranges a meeting between Teodora, who expects to see don Juan, and Marcelo, who is once again repulsed by Teodora. Blanca and don Juan are finally reunited through the wiles of Tomé, and don Juan, noticing that Félix is wearing the green sash which he had previously given to Blanca as a token of his love for her, flies into a jealous rage and accuses Blanca of deceitfully arranging the love affair between Marcelo and Teodora for the sole purpose of depriving him (don Juan) of Teodora. Blanca angrily leaves don Juan who, realizing the stupidity of his rash behavior, confides in his servant Tomé. The latter suggests to don Juan that he make Blanca jealous by persisting in his intention to marry Teodora. Noticing that the afternoon is rapidly coming to an end, don Juan decides to follow Tomé's advice and tells Teodora that he truly loves her, but for the moment she must humor Marcelo, who again expresses his love to her. In order to arouse Blanca's jealousy, don Juan pledges his love to Teodora and embraces her while Blanca looks on. To avenge herself, Blanca summons Félix and expresses her love to him. The second act ends as don Juan, furious over the turn of events, laments his misfortune of having apparently lost Blanca to Félix because of his feigned expression of love to Teodora.

Act Three

As the final act begins, don Juan is dressed in mourning for the loss of Blanca; indeed, he would prefer that she be dead rather than married to Félix. Marcelo, learning from don Juan that the latter professed his love to Teodora only to arouse Blanca's jealousy, promises to inform Blanca of don Juan's love for her; thus Teodora will be free of don Juan, a situation greatly desired by Marcelo. Blanca then reiterates to Marcelo her love for don Juan, stating that all her previous actions have been motivated by jealousy, and Marcelo vows to bring the two lovers together. Don Juan then tells Teodora that he cannot in good conscience sign his intention to marry her before the notary, since he has given his word to Marcelo that he will leave Teodora to him. Félix, learning from Teodora that Blanca and don Juan intend to marry, relays this news to Blanca, but the latter stalls Félix by telling him that Teodora is merely making a jealous accusation. Don Juan informs Blanca that the notary is drawing-up the marriage declarations for her and Félix. The two lovers must now find a means of delaying this legal act. Don Juan rejects Blanca's idea of claiming that they are already married, since this would offend Gerardo, and he refuses to escape secretly with her, since such an act would give people a reason to gossip. Finally Tomé devises a plan whereby Blanca will pretend that some poisonous herbs which she inadvertently ate earlier in the afternoon at the *Casa del Campo* have made her momentarily insane. The strategem works, and while Blanca is being attended to by Félix, Gerardo, Julio and Marcelo, she dramatically reaffirms her love to don Juan. Meanwhile, Tomé informs Marcelo of Blanca and don Juan's trick, and at the same time he asks Marcelo to arrange the marriage between himself (Tomé) and Inés, whom he loves. By this time Blanca has threatened to commit suicide if she cannot marry don Juan, and in order to humor her, Gerardo, believing that she really is insane, agrees to this marriage. Don Juan suggests that Teodora and Marcelo likewise exchange marriage vows; if this is done, Blanca will not think that all are attempting to deceive her. The vows are exchanged before all members of the family and their servants, and Blanca immediately declares that the vows are valid, since she is indeed not insane. All the lovers, Blanca and don Juan, Teodora and Marcelo, are pleased with the turn of events, save Félix, who is temporarily calmed by Blanca when she tells him that now she is truly happy. Even Tomé announces that he has secretly won the hand of Inés during the proceedings. Thus all is resolved as the afternoon finally draws to a close.

III. A LITERARY EXAMINATION OF THE PLAY

Lope's procedure in this drama is to have the *dama* of the play, Blanca, in the very first scene voice her complaints against her *galán*, don Juan, at the same time expressing her love for him. Blanca then goes on to suggest that she may change to another suitor, Félix, whom she does not truly love, in order to avenge herself of don Juan and also to appease her father, Gerardo, who favors Félix. Blanca expresses her grievances against don Juan in four *décimas* at the play's outset, treating of love, lovers and inconstancy in love. Here we have the standard Lopean principle of using *décimas* to express amorous complaints. Blanca's part comes at the beginning and, as Adams suggests, [10] perhaps Lope saw fit to begin the play with a formal introduction before proceeding to the heart of the work. Blanca puts her thoughts into deeds by accepting from Julio, Félix' servant, the money which Félix won in gambling, and by giving to Félix, through Julio, a green sash which don Juan had previously given to her. Her action continues in her poor treatment of Tomé and in her hurried departure before don Juan's arrival. The dialogue between don Juan and Tomé merely reaffirms what we already know about Blanca's attitude. Don Juan, in ten verses, explains to Tomé his intention of crossing Blanca with Teodora, who loves him, thereby beginning his own bit of vengeance. Thus, the information about Teodora is brought in most skillfully and without any degree of force by don Juan, whose ten-verse statement of intent contrasts notably with Blanca's 111-verse *modus operandi*.

Another noteworthy point is that all the main characters of the play know each other before the very first scene. Don Juan, Félix, Marcélo, Blanca, Teodora, Gerardo, Tomé and Inés need no introduction to one another, thereby enabling Lope to save a

---

[10] Francis Osborne Adams, Jr., *Some Aspects of Lope de Vega's Dramatic Technique as observed in his Autograph Plays*, unpublished doctoral dissertation, 1936, p. 192.

great deal of time which would otherwise have been used in presenting each of the principal characters to one another. We should also note that each of the main characters in the work is first presented by word of mouth and then in person, with, of course, the exception of Blanca, who begins the play with her plaintive *décimas*. Marcelo, who with Teodora forms the basis of the play's subplot, enters late in the first act, and although, as Adams states, [11] we are caught unprepared for his presence, he too has been previously announced, since Tomé spoke of him in the immediately preceeding scene.

The object of this *comedia de costumbres y de enredo* is to get Blanca and don Juan married in the face of the many obstacles to their marriage. These obstacles are the interest of other people in marrying Blanca and don Juan, [12] as Teodora loves don Juan, and Félix loves Blanca. According to Diego Marín, [13] the irony of the work is most apparent in the game of musical chairs which the lovers play. Love, then, is the motivating force in this *comedia*. Blanca and don Juan love each other, are easily made jealous, and in their respective jealousy they both seek amorous vengeance by pretending to love others who, in turn, really love each of them. Here we have a perfect example of the balance of cross-purposes and intrigues among the principal lovers referred to by Rudolph Schevill. [14] The *galán* and the *dama* love each other while, simultaneously, each is loved by another, thereby forming a neat co-plot, quite at home in this *comedia*. The use of intrigue forms the basis of the play's action; [15] because of jealousy Blanca agrees to marry Félix and gives him a ribbon which she had received from don Juan, and don Juan, to counteract Blanca's rash act, gives Teodora his written promise to marry her. The rest of the play is devoted to extricating Blanca and don Juan from Félix and Teodora respectively, with the added complication of Marcelo's love for Teodora.

---

[11] Ibid.

[12] Ibid., p. 194.

[13] Diego Marín, *La intriga secundaria en el teatro de Lope de Vega*, 1958, p. 150.

[14] Rudolph Schevill, *The Dramatic Art of Lope de Vega together with La dama boba*, 1918, p. 38.

[15] Adams, p. 193.

As for Marcelo's love for Teodora, here we have the semblance of a sub-plot. Diego Marín [16] tells us that the intrigue of Marcelo and Teodora is passive and subordinated to the main plot, but all the while intricately interwoven to the principal love plot, that of Blanca and don Juan. This is indeed true, since the sub-plot — Marcelo's love for Teodora — aids the principal plot throughout the play. All during the play Marcelo assists don Juan in the latter's desire for a reconciliation with Blanca, and at the play's conclusion both love affairs reach their desired effect, as Blanca marries don Juan, and Teodora weds Marcelo.

In Blanca, the female lover of the better class, Lope portrays the type of woman who, with her freedom of manners, beauty and cleverness, was such a visible part of the society and literature of his time. Blanca embodies the type of female who, according to Schevill, [17] represents the great womanly freedom of the Celestina literature. Blanca is by no means a deep, profound woman. She loves, is easily made jealous, and seeks her amorous vengeance. Love, then, is the basic element of her character throughout the play. Her very first word of the play, *amores*, gives us an indication as to what we may expect from her in the work.

Tomé, the gracioso in *Lo que pasa en una tarde*, is certainly no mechanical attendant in this comedy. It is he who must, for the most part, think up the tricks for the reconciliation between Blanca and don Juan, and the means of executing these tricks. Thus, in the first act, don Juan follows Tomé's advice and confesses to Marcelo that he truly loves Blanca; he then enlists Marcelo's aid in bringing about a reconciliation between Blanca and himself. In the second act Tomé, disguised as a gardener of the *Casa del Campo*, arranges a secret meeting between Blanca and don Juan. The two lovers quarrel over the green sash, but again Tomé momentarily saves the day by suggesting that don Juan play Blanca and Teodora against each other. In the final act don Juan, again following Tomé's lead, tells Marcelo that he is only using Teodora as a means of arousing Blanca's jealousy, and once again don Juan, at Tomé's insistence, seeks Marcelo's

---

[16] Marín, p. 151.
[17] Schevill, p. 21.

help to bring about his desire to be reunited with Blanca. Finally, it is Tomé who suggests a plan whereby Blanca's marriage to Félix can be temporarily postponed: Blanca will feign insanity caused by the herbs which she ate earlier. Then, of course, there is time for the desired marriage to be arranged. The primary problem of the play, the attempt to overcome the obstacles to Blanca and don Juan's marriage, is solved, for the most part, by Tomé, the work's *gracioso*. For Schevill, [18] Lope's servants are the shrewd and witty types who invent tricks and discover remedies. At times they are excellent philosophers and are always very much alive in the *comedia*. Zamora Vicente sees the *gracioso* as the perfect counterfigure of the work's hero. [19] While the *galán* becomes involved in love, jealousy, revenge, intrigue and emotional struggles, the *gracioso* remains detached from such weighty matters, but he still can play a major role in the *comedia's* development. Indeed, Tomé at times plays the usual comical role in the drama, especially with his servant-fool type humor as noted in his mock-heroic soliloquies throughout the work, but he is also the most necessary of all the characters in affecting the principals' reconciliation. Tomé, then, certainly embodies all the essentials of the perfect Lopean servant.

In don Juan we have the perfect example of the thoughtless *galán*. Throughout the play don Juan does absolutely nothing to solve the problem of the drama — the attempt to overcome the jealous anger of the two lovers and ultimately get them married — except follow the many leads supplied to him by Blanca and, for the most part, Tomé. So that in the first act, don Juan, after deciding to cross Blanca with Teodora, runs across Marcelo, who really wants Teodora for himself. Don Juan must follow Tomé's suggestion, and he insists that Marcelo speak to Blanca in order to alleviate the latter's anger. Don Juan then gathers some mental momentum and tells Marcelo that he will give Teodora to him, since he himself does not truly love her in any case, but he does so only after he has been given this lead by Tomé. At the end of the same act Blanca suggests that she and don Juan

---

[18] Ibid., p. 24.
[19] Alonso Zamora Vicente, *Lope de Vega, su vida y su obra*, 1961, p. 217.

continue their discussion at the *Casa del Campo*, as don Juan again shows no evidence of thought. Shortly thereafter Blanca removes the effects of don Juan's written promise to marry Teodora (another folly) by swallowing the document. At the *Casa del Campo* it is Tomé who arranges a secret encounter between Blanca and don Juan, since don Juan's brain is not up to this task. Don Juan foolishly quarrels with Blanca over the green sash and must again enlist the aid of Tomé, who suggests that he once again play Blanca and Teodora against one another. Finally, it is Tomé who devises the plan whereby the marriage between Blanca and Félix can be postponed, and it is Blanca who cleverly suggests the ruse of the false marriage under the pretense of keeping herself calm. Don Juan, aided entirely by Tomé and to some degree by Blanca, eventually marries his *dama*, but through no cleverness of his own.

As Adams relates,[20] there always exists a near-perfect balance of characters in this play. In the game of amorous musical chairs it is Blanca and don Juan at the beginning, then Blanca and Félix, Teodora and don Juan, with Marcelo being the odd man out. The desired outcome is reached, and the pairing is Blanca and don Juan, Marcelo and Teodora, with Félix, the disdained lover, being left out of the scheme. Hence, there is always one person left out of the game, since Lope has three gallants, don Juan, Marcelo and Félix, and only two ladies, Blanca and Teodora. At the play's conclusion even the *gracioso*, Tomé, is married to his female counterpart, Inés, Blanca's maid. However, as we have stated, there is no servant parody of his master's situation in this play, since Tomé is largely called upon to affect solutions for his master. Of course a further balance, that of the master-servant combination, is affected in the following pairings: Blanca and Inés; don Juan and Tomé; Félix and Julio; Marcelo and León; and Teodora and Celia. Celia, evidently Teodora's servant, enters briefly with the latter in act one, announces the presence of don Juan in Blanca's house and the subsequent arrival of Blanca, and is never again heard from.

---

[20] Adams, p. 197.

Lope, in his *comedias de costumbres y de enredo*, offers to his public a broad panorama of love, jealousy, intrigue and deceit. Lope calls on his great knowledge of life in general [21] and of Spanish life in particular in portraying these details to us. As Chandler and Schwartz tell us, [22] these plays ordinarily depict the life of the Spanish middle class, and the plot is usually complicated by clever and baffling turns, with all the seemingly hopeless confusion solved quite ingeniously at the conclusion. Lope always drew his female characters well, and he relied on his great worldly experience in portraying women and their arts of attack and defense in his *comedias de costumbres y de enredo*. [23] A perfect example of the Lopean female protagonist is Blanca in our *comedia*. Certainly no other playwright has given more grace, humor and wit to love and jealousy in his works. [24]

Lope's *comedias de costumbres y de enredo* do not have any notable literary precedent, but are founded in local customs and manners, in Lope's great knowledge of contemporary life, its modes of behavior and its gallant customs. [25] Lope in these works obviously reveals his deep penetration of literary conventions and his mastery of the delicate art of dramatic complications.

Among Lope's dramas of this category are *El acero de Madrid*, *La hermosa fea*, *La noche de San Juan*, and *La dama boba*. *El acero de Madrid*, a typical *enredo* play, describes the tricks played on a young lady's *dueña* in order that the gallant of the play may win the hand of the lady. The two lovers of the play, Belisa and Lisardo, devise a scheme whereby Belisa pretends that she is ill — shades of *Lo que pasa en una tarde* — and Lisardo becomes her "doctor". Lisardo recommends that his "patient" take long walks daily with him to drink the *agua de acero* in order to cure her illness. Thus the two lovers are able to see each other on a regular basis, and at the same time Riselo, a friend of Lisardo's, occupies the stringent *dueña's* attention by courting

---

[21] Zamora Vicente, p. 283.
[22] Richard Chandler and Kessel Schwartz, *A New History of Spanish Literature*, 1961, p. 85.
[23] Gerald Brenan, *The Literature of the Spanish People*, 1957, p. 207.
[24] Schevill, p. 31.
[25] Karl Vossler, *Lope de Vega y su tiempo*, 1940, p. 358.

her. Witty strategems and clever intrigues run rampant in this play, as they also do in *La hermosa fea*, in which Ricardo, the gallant, attempts to win the hand of his proud and disdainful love, Estela, who has vainly repelled all her suitors. Ricardo, in turn, sharpens his wits and pretends that he finds her truly ugly; finally, Estela is overcome by such an unorthodox procedure, and she falls in love with the quick-witted Ricardo, a notable contrast to don Juan in our play. *La noche de San Juan* presents a perfect dual balance of cross-purposes and intrigue as two men, each in love with the other's sister, seek to help one another in their love suits. However, the difficulties arise when we discover that the two ladies have already given their hearts to other suitors. Intrigues, schemes and wild adventure are the by-words of this clever work, which unfolds amidst the gaiety of the night of San Juan and, of course, concludes on a happy, positive note. *La dama boba*, a masterpiece in the series of *costumbres y enredo* dramas, relates the lives of Nise and Finea, the two daughters of Octavio. Nise, the *mujer discreta, sabia, y entendida*, is the perfect opposite of Finea, the *boba, indigna e imperfecta*. An uncle leaves his inheritance to Finea, hoping that this money will convert the *boba* into a *mujer de clase*. Liseo, Finea's suitor who seeks to take advantage of her money, decides that all the money in the world wouldn't make Finea acceptable, and pursues Nise, the intelligent sister. Simultaneously, the gallant of Nise opts for Finea's wealth and decides to court the *boba*. Little by little, however, Finea acquires a degree of elegance, and Liseo, her original lover, upon noticing her changed condition, tries to return to her. Now it is Finea in the driver's seat, and she pretends that she is still a *boba* in order to dissuade Liseo. The spirit of intrigue and confusion is perfectly woven into the comedy's fibre by Lope, ever the crafty and witty playwright.

This is Lope de Vega, the perfect craftsman in his *comedias de costumbres y de enredo*. The basic situations are repeated in these works — love, jealousies, anxieties, intrigues, tricks and deceits — but the audience inevitably senses a new immediacy, a novel insight, in these dramas. Gallants seek their ladies, ladies pursue gallants, obstacles and impediments arise, but, at the conclusion, all ends well, much to the pleasure and delight of Lope's *público*.

IV. The setting for *Lo que pasa en una tarde*

In the first act of *Lo que pasa en una tarde* Teodora, answering Blanca's question as to where the *damas* should spend their afternoon of leisure, suggests that they go to *el Prado*, the principal promenade of Madrid from 1561, and one of the foremost avenues in Europe. In Lope's time the *Prado* was the setting for many amorous intrigues, chivalric adventures and political incidents, because of its proximity to the court of the *Retiro*.

The *Prado viejo* covered a distance of some 9000 feet and consisted of three parts: [26] the *Prado de Atocha*, which ran from the *calle de Atocha* to the church *Nuestra Señora de Atocha;* the *Prado de San Jerónimo*, from the *Carrera de San Jerónimo* to the *calle de Alcalá;* and the *Prado de Recoletos*, from *Alcalá* to the *Convento de agustinos,* an austere edifice located:

> ... en medio de todas aquellas mansiones de animación y de placer. [27]

It is generally agreed that the *Prado de Atocha* was the least spectacular of the three parts, but was the favorite walking-place of Madrid's *verdaderos paseantes:*

> ... que gustan de andar despacio ... pararse a hablar con sus amigos, tomar un polvo y recordar sus juventudes. [28]

The *Prado de San Jerónimo*, forming an area of some 1450 feet long by 200 feet wide, was the favorite meeting-place for the elegant youth of Madrid. In the words of Mesonero Romanos:

> Aquí es donde reinan las intrigas amorosas, donde la confusión, el continuo roce, las no interrumpidas cortesías, la variedad de trajes y figuras, el ruido de los coches y caballos, el polvo, los muchachos que venden agua y candela ... producen una confusión extraordinaria. [29]

---

[26] Schevill, p. 296.
[27] Ramón Mesonero Romanos, *El Antiguo Madrid*, II, 1881, p. 68.
[28] Ramón Mesonero Romanos, *Manual de Madrid*, 1833, p. 310.
[29] Ibid.

INTRODUCTION 29

This part of the *Prado viejo* consisted of two avenues formed by three rows of trees, and it was here that the romantic adventures of the courts of Felipe III and Felipe IV took place. This was the scene for famous *fiestas*, such as the one given by the Conde-duque de Olivares at his estate bordering on the *Prado* in 1631, at which *comedias* were presented for the entertainment of the elegantly dressed guests.[30] Toward the latter part of the sixteenth century other *comedias* were presented in the *corral de Limonero* and the *corral de Burguillos,* both of which were located off the *Prado de San Jerónimo.*[31]

The entire stretch of the *Prado viejo* was adorned with stone walls and beautiful fountains, among them the *fuente de Alcachofa* in the *puerta de Atocha,* the *cuatro fuentes,* located at the *calle de las Huertas,* the *fuente de Apolo,* at the center of the *Prado de San Jerónimo,* and the famous *fuente de Cibeles,* at the entrance to the *calle de Alcalá.*[32]

Madrileños and other Spaniards from every walk of life flocked to the *Prado viejo* during all seasons, summer as well as winter, for recreation and amusement. For these people the *Prado*, with its beautiful trees, animated *tertulias*, elegant avenues and pleasant surroundings, was the gay focal point of the capital.

The entire second act of our play takes place at the *Casa del Campo,* where the *damas,* their *galanes* and the other characters of the play go at the conclusion of Act I. The *Casa del Campo* or *Casa de Campo,* the oldest, largest and most beautiful of Madrid's parks, was located at the far western part of Madrid, above the right bank of the Manzanares River and behind the Palacio Real. It consisted of some 1747 acres of land, including many little valleys and mounds, high mountains and low hillocks, a lake, a pool, several springs, small houses for the guards and gardeners, shady thickets, gardens and a vast network of highways and winding paths. Some of the species of trees found in the *Casa*

---

[30] Mesonero Romanos, *El Antiguo Madrid*, p. 66.
[31] Federico Sáinz de Robles, *Madrid,* 1962, p. 386.
[32] Mesonero Romanos, *Manual de Madrid,* pp. 308-310.

del Campo were oaks, pines, white and black poplars, cork-trees, walnut-trees and chestnut-trees. [33]

In 1562 Felipe II, with the intention of developing a Royal Forest and hunting-ground, bought the tree-filled area which later became the *Casa del Campo,* and later monarchs like Fernando VI, Carlos III, Isabel II and María Cristina added further land to the originally designated area.

María Cristina, impressed with the abundance of water, the vastness of the land and its proximity to Madrid, decided to convert a portion of the *Casa del Campo* into an agricultural preserve. She began by constructing two stables for cows, a dairy and an aviary containing all kinds of beautiful and rare birds. She also planned to build three additional pools in the *Casa del Campo,* a green-house for the conservation of delicate native plants as well as the exotic species, a Gothic estate complete with a huge garden containing exotic trees, which would be used as a home for herself and future monarchs, and another stable for the breeding of mares and stallions from foreign countries. Unfortunately, as Mesonero Romanos relates, because of unforeseen difficulties these plans for the *Casa del Campo* never materialized, much to the regret of Madrid's populace. [34]

The *Casa del Campo* has several portals: *de Castilla, de Medianil, de Rodajos, de Aravaca, de la Venta, del Río* (the main portal) and *del Ángel.* [35]

Among the many adornments of the *Casa del Campo,* the most famous was the bronze statue of Felipe III on horseback, a work of Juan de Bolonia, which weighed some 12,518 pounds. Behind this statue and on the same path was a magnificent fountain. [36]

Because of its great natural beauty and proximity to Madrid, the *Casa del Campo* was another favorite gathering-place for the *madrileños* of Lope's time.

---

[33] Robles, p. 640.
[34] Mesonero Romanos, *Manual de Madrid,* p. 333.
[35] Robles, p. 640.
[36] Mesonero Romanos, *Manual de Madrid,* p. 331.

The cause for Blanca's anger at don Juan is the latter's attending the *fiestas de Castilla* without his *dama*. Later Tomé describes these *fiestas* to Inés in mock-heroic tones, and don Juan praises three of the personalities associated with the *fiestas*, the Duque de Lerma, the Conde de Lemos, and the Conde de Saldaña. The *fiestas de Castilla* took place from October 6 to October 20 in 1617, and they were given by the Duque de Lerma to celebrate the dedication of the Gothic college church at Lerma, the *Duque's* village in Burgos. El licenciado Pedro de Herrera, the *Duque's* chronicler, records the event in this manner:

> Translación del Santissimo Sacramento a la iglesia Colegial de San Pedro de la villa de Lerma, con la solenidad y Fiestas que tuvo para celebrarla el Excellentissimo Señor Don Francisco Gómez de Sandóval y Roxas. [37] (el Duque de Lerma)

The Spanish king, Felipe III, most of the members of his court and their intimate friends, many *literatos* of the era, including Lope, and the *Duque's* own relatives, like the Conde de Lemos, his nephew and son-in-law, and the Conde de Saldaña, his second son — both of whom are mentioned in our play — attended these *fiestas*.

Alfonso de Villena was of the opinion that the Duque de Lerma, whose favor with the king was gradually being underminded by court intrigues, made a point of lavishly entertaining Felipe III whenever he could. This, of course, was the *Duque's* way of showing his loyalty and love for the king, and the *Duque* seized the occasion of the dedication of the church of Lerma to celebrate the *fiestas de Castilla* or *de Lerma*, thereby seeking to further ingratiate himself with the monarch. [38] The *fiestas de Castilla* consisted of masquerade balls, bull-fighting, reed-jousts, parades and theatrical presentations, and were comparable in their lavishness to the *fiestas* of September, 1613, given by the Duque de Lerma in honor of Felipe III, also in Lerma. Lope attended

---

[37] Alfonso Pardo Manuel de Villena, *Un mecenas español del siglo XVII, el Conde de Lemos*, 1911, p. 190.
[38] Ibid.

these *fiestas* of 1613, and he described them in a letter to the Duque de Sessa, written on September 13, 1613:

> Toros bravos, juego de cañas concertado, caídas, lanzadas ... máscara de los caballeros corrida ... [39]

Another *fiesta* was given by the Duque de Lerma in honor of Felipe III in 1599 at Denia, the port city in Alicante. Lope also attended this festival and commemorated the occasion with a 163-stanza poem entitled *Fiestas de Denia,* in which he described the event in great detail. [40]

Lope's relationship with the renowned Conde de Lemos began in 1598, when the *Fénix* entered the services of the then Marqués de Sarria and future Conde de Lemos as a secretary, companion and even servant. In 1596 Lope had left the employ of the Duque de Alba and spent the year 1597 in the services of the Marqués de Malpica. Villena considered the situation whereby a great poet and dramatist should be employed as a servant by a count quite natural:

> No era ciertamente desusado en época ... que personas de limpio y hasta nobiliario linaje y de superior cultura no se desdeñasen de entrar al servicio de poderosos magnates, incluso para formar parte de su servidumbre. [41]

Entrambasaguas, however, feels that Lope's position with the *Conde* was more humble than his previous periods of employment by other noblemen. To substantiate his belief, he cites the following lines dedicated by Lope to the *Conde*:

> Mostrara yo con vos cuidado eterno,
> mas haberos vestido y descalzado
> me enseñan otro estilo humilde y tierno. [42]

Lope always remained dedicated and devoted to the *Conde,* even after he left the latter's employ in 1600. Two incidents, one

---

[39] Joaquín Entrambasaguas, *Vida de Lope de Vega,* 1942, p. 191.
[40] Rennert, p. 141.
[41] Villena, p. 22.
[42] Entrambasaguas, p. 131.

in 1616 and the other in 1617 — the year of the *Fiestas de Castilla* — show how the paths of their lives intertwined years after their master-servant relationship had ended. In June of 1616 Lope hurriedly left Madrid for Valencia for the express purpose of visiting his son, a Franciscan friar. About the same time the Conde de Lemos arrived in Barcelona after terminating his viceroyalty in Naples. From Barcelona the *Conde* traveled to Valencia, where he arrived at the Grao on August 5, bringing with him the theatrical company of the *autor* Sánchez, which had entertained the *Conde* during his travels. One of the members of Sánchez' company was Lucía De Salcedo, a former love of Lope's whom he often called *la loca,* and the Spanish gossips, correctly concluding that Lope had traveled to Valencia only to visit his old flame, seized the opportunity to chide the poet-priest for his unbecoming behavior.[43] To confuse his detractors, Lope offered as the reason for his departure from Madrid to Valencia his great desire to be with the Conde de Lemos, his former master and beloved friend,[44] and indeed, Lope was joyously received by the *Conde* in Valencia, as later letters of the dramatist testify.

The second incident occurred in August of 1617, when a daughter of Lope's, Antonia Clara, was baptized in the church of San Sebastián in Madrid. Lope, realizing that many of his noble friends would be visiting his home for the occasion, decided to ask the *Conde* for a gift of silverware in order to be able to entertain these guests on a lavish scale. The *Conde* was not in Madrid at the time, but the *mayordomo* of the *Conde's* estate, upon recognizing Lope as his Master's former employee, gave him the silverware necessary to entertain his guests in a manner befitting such nobility. The *mayordomo* was merely complying with the constant desire of his master to accomodate Lope, the *Conde's* former secretary, servant and beloved companion.[45]

During the *fiestas de Castilla* an original *comedia* of the Conde de Lemos, *La Casa confusa,* was presented for the entertainment of the guests on the night of October 16. It appears that this was the *Conde's* only attempt at writing a *comedia,* and little, if any,

---

[43] Rennert, p. 230.
[44] Villena, p. 188.
[45] Ibid., p. 194.

critical reference has ever been made to the work. The *comedia* never appeared in printed form, and the *Conde's* original manuscript was apparently destroyed with other papers in a fire at his palace of Monforte.[46]

The poet Francisco López de Zárate and el licenciado Herrera did offer several comments on this *comedia*, which help us to understand the kind of work it was. Herrera considered the *comedia*:

> ... la primera cosa más conforme al arte que se ha tenido en España... [47]

and both critics noted that the work began with a prologue which expostulated the precepts for *comedias*, the most important of which was the omission of all tragic and epic elements from the true *comedia*. However, it should be noted that the *Conde's comedia*, while totally free of tragic tones in the traditional manner, was also devoid of any artificiality in style and expression, and was, as López de Zárate recorded:

> ... una fábula alegre en popular estilo ... [48]

whose plain and sincere language contributed to the audience's enjoyment and entertainment. It was undoubtedly this quality of the *comedia* — its ability to reach and entertain its audience because of its simplicity of style and language — that caused Lope to praise the work in *Lo que pasa en una tarde*. Not only did the *Conde* write *La Casa confusa*, but he also donated the costumes necessary for the performance to the actors.

The *fiestas de Castilla*, a typical seventeenth century Spanish extravaganza attended by the most renowned personalities of Lope's era, provided the *Fénix* with the inspiration and the material to write his comedia, *Lo que pasa en una tarde*. In this work Lope honors three of the celebrated noblemen of his time, each of whom was associated with the *fiestas:* the Duque de

---

[46] Ibid., p. 191.
[47] Ibid.
[48] Ibid., p. 192.

Lerma, the *dueño de las fiestas,* the Conde de Lemos, Lope's own former employer, and the Conde de Saldaña, a close relative of the other two nobles.

V. A WORD ABOUT THE VERSIFICATION

Lope, in his *Arte nuevo de hacer comedias,* insisted on the use of *décimas* for amorous complaints. Amplifying this notion, Diego Marín [49] informs us that the *décima* was regularly used by Lope about the time of 1617 (when he wrote *Lo que pasa en una tarde*) for amorous laments, reflections on love and jealousy, and to express dramatic tension derived from an intimate, interior conflict. As we have noted, Blanca, in her 40 initial *décimas,* describes her love for don Juan and her jealousy and anger at his absence. In her subsequent *redondillas,* Blanca plots her revenge against don Juan in her conversations with Inés, Julio and Tomé. Her conversations are of a factual nature, expressed in an ordinary speaking style, thereby complying with the usual use of the Lopean *redondillas* according to Marín. [50] Tomé occupies the stage in the following *romances,* as he describes to Inés in mock-serious tones the *fiestas de Castilla;* here we have factual knowledge which, by its manner of presentation, provokes humor within the framework of a relationship between two characters, one of the desired effects of the Lopean *romance.* [51] In the following *redondillas* we again note a series of factual dialogues in the conversations involving don Juan, Tomé, Teodora and Blanca, as the schemes of the *comedia* further develope. Tomé then suggests to Marcelo that the latter intercede on don Juan's behalf. Two audience-pleasing relationships occur in the *romances* which follow: don Juan and Marcelo reach their agreement, and Blanca and her brother concur in this agreement. A solution seems in the offing, and in the subsequent *redondillas* which encompass the conversation between Teodora and Blanca, more factual knowledge

---

[49] Diego Marín, *Uso y función de la versificación dramática de Lope de Vega,* 1962, p. 36.
[50] Ibid., p. 12.
[51] Ibid., p. 27.

is conveyed as Blanca tells Teodora that don Juan, because of his respect for Marcelo, will leave Teodora to his friend. Blanca also relates to Teodora her love for don Juan, evidence of more facts conveyed in this conversation between the two *damas*. The first act ends with *romances* as Tomé once again occupies the stage with his *gracioso* type humor and he, in his relationship with Blanca, advises her to carefully think over her love for don Juan and not to despair, as a solution surely will be reached. One other relationship is presented as the act ends when don Juan and Blanca are finally reunited through Tomé's efforts and, in a tender moment, plan to continue their conversation at the *Casa del Campo*. An optimistic feeling is conveyed by Lope to the audience in these *romances*, and the emotional impact of this last scene is further emphasized by Lope's accenting the final syllable of the *romance* verses.

In the *Art nuevo* Lope recommended that tercets be used to describe situations in which elevated or lyrical sentiments were being expressed. Thus act two begins with a series of tercets in which Marcelo describes, in noble tones rich in historical background, the *Casa del Campo*. In the *redondillas* which follow, the usual factual knowledge is conveyed in the conversations involving Blanca, Teodora and Marcelo; don Juan then enlists the aid of Tomé, who will arrange the meeting between the two protagonists. Later Marcelo, after again being repulsed by Teodora, delivers a 14-verse sonnet in which he vows his firm intention, perhaps now an obsession, of winning her hand. We notice a heavy degree of dramatic tension in Marcelo's soliloquy; Marcelo, tormented by Teodora's refusal, is the perfect example of the Lopean character portrayed in a situation of anxious expectancy who combines mythological references (Apolo's laurel) with personal thoughts and sentiments (winning Teodora's hand), thereby neatly fitting into the *soneto* manner of expression.[52] In the following *redondillas*, we learn through the conversations involving Blanca and Gerardo that the former is about to keep her rendezvous with don Juan. A plot-complicating relationship of Blanca-don Juan is portrayed in the subsequent *romances*, at which time

---

[52] Ibid., p. 50.

the two lovers quarrel over the green sash, and the thread of the *comedia* reverts to the informative level in the *redondillas* which follow, as don Juan again decides to play Teodora against Blanca. The second act ends with further plot-complicating *romances* in the form of two relationships — those of don Juan and Teodora, and Blanca and Félix — in which don Juan's plan of again crossing Blanca with Teodora fails, as Blanca takes her vengeance against don Juan with Félix.

Act three begins with a group of *redondillas* in which we witness a series of factual dialogues between don Juan and Tomé, then Marcelo and don Juan; don Juan first laments his loss of Blanca, and later suggests to Marcelo that the latter again attempt a reconciliation between Blanca and himself. In the subsequent *octavas*, all of a grave tone expressing the essential dramatic conflict of the *comedia*, Blanca speaks to Marcelo while don Juan hides, and she tells her brother that she loves only don Juan and does indeed seek a reconciliation with him through the efforts of Marcelo. Marcelo concurs; don Juan, adding to the tension of the scene, enters and expresses his love to Blanca. A solution to the dilemma must be discovered, and in the following *redondillas*, don Juan, in his factual dialogue with Teodora, temporarily stalls her by telling her that he has promised her hand to Marcelo. Teodora then engages in a 20-verse monologue of *décimas*, in which she laments her loss of don Juan to Blanca. Here we have a clear-cut use of Lopean *décimas:* amorous lamentations, complaints of love, and reflections on love and jealousy. More facts are conveyed in the dialogues of the subsequent *redondillas*, as the mood of the *comedia* changes and Blanca stalls Félix after his conversation with Teodora. A happy relationship between Blanca and don Juan is portrayed in the following *romances*, as the two lovers search for a means of preventing the upcoming marriage. Tomé, equal to the occasion, provokes a favorable reaction from the audience by providing the means of delay in his part of the *romances*. Deep dramatic tension is portrayed in the following *octavas* as Blanca, in her dialogue with don Juan, reaffirms her love for him, and later Inés, in more *octavas*, assumes grave tones of expression as she relates the cause of Blanca's illness to Félix and Gerardo. Factual knowledge is again developed in the subsequent *redondillas* as Blanca, in her conversation with her father and Félix, informs them of her illness. Blanca, in dramatic *romances*, then provokes the audience's favorable reaction (by now all must certainly hope that this strategem works) by plaintively describing to all the effects of her illness on her person, thereby attempting to convince one and all of the veracity of her sickness.

More *romances* follow in the relationships of Blanca, don Juan, Félix and Gerardo, as the *dama* amusingly carries her illness to extremes and attempts to drink an antidote, sprinkling the drink on hapless Félix in the process, and then reaffirms her love to don Juan. Our reaction is indeed favorable to Blanca's performance. We should note that Lope inserts seven verses of *seguidillas* as rhyming couplets into Blanca's *romances*, and it seems that their principal function is to provide a light, gay backdrop to Blanca's convincing scene. Marcelo, Gerardo and Félix then engage in *octavas* in which they comment on don Juan's valor in aiding Blanca during her illness. In this case they are commenting on an action having recently taken place (in the play's previous scene, in fact), and then Gerardo reminisces about his own valorous youth, offering a commentary on events of the distant past. Both these examples show us another Lopean use of the *octava*, to comment favorably on episodes having taken place recently or long ago. Marcelo subsequently engages in a fourteen-verse lyrical soliloquy, in which he eulogizes the valor of a Spanish soldier named Jerónimo de Ayanza. In this factual aside, Marcelo expresses his personal sentiments about Ayanza by personifying and addressing "death," thereby complying with another, although infrequent, Lopean use of the *soneto*.[53]

Marcelo then reflects on love and deceit in *décimas*, appropriately enough, to which Tomé answers, still in *décimas*, telling him not to lament his fate, since all will end well in this game of love. The play ends with *romances* in which Blanca, in her dealings with the other characters, brings everything to a happy conclusion by marrying don Juan who, in turn, affects the marriage between Marcelo and Teodora. The play ends, the play's problem is solved, a favorable reaction is afforded, and surely the *público* is well pleased with the outcome.

---

[53] Ibid.

INTRODUCTION 39

Versification Tables

A. Distribution of verse-forms

Act. I	LL.	1-40	décimas		40	lines
		41-288	redondillas		248	lines
		289-456	romances	a-o	168	lines
		457-808	redondillas		352	lines
		809-904	romances	e-e	96	lines
		905-952	redondillas		48	lines
		953-1052	romances	e	100	lines
Act. II		1053-1101	tercetos		49	lines
		1102-1577	redondillas		476	lines
		1578-1591	sonetos		14	lines
		1592-1607	redondillas		16	lines
		1608-1727	romances	o-o	120	lines
		1728-1943	redondillas		216	lines
		1944-2039	romances	a-e	96	lines
Act. III		2040-2235	redondillas		196	lines
		2236-2347	octavas		112	lines
		2348-2391	redondillas		44	lines
		2392-2411	décimas		20	lines
		2412-2503	redondillas		92	lines
		2504-2571	romances	a-o	68	lines
		2572-2579	octavas		8	lines
		2580-2591	sueltas		12	lines
		2592-2599	octavas		8	lines
		2600-2607	sueltas		8	lines
		2608-2651	redondillas		44	lines
		2652-2663	romances	e-a	12	lines
		2664-2665	seguidillas		2	lines
		2666-2687	romances	e-a	22	lines
		2688-2690	seguidillas		3	lines
		2691-2710	romances	e-a	20	lines
		2711	seguidilla		1	line
		2712-2795	romances	e-a	84	lines
		2796	seguidillas		1	line
		2797-2820	octavas		24	lines
		2821-2834	sonetos		14	lines
		2835-2874	décimas		40	lines
		2875-3016	romances	e-a	142	lines

B. Number of lines of each verse-form by passages

	décimas	redon-dillas	roman-ces	terce-tos	sone-tos	suel-tos	segui-dillas	octa-vas
Act I	40	248 352 48	168 96 100					
Act II		476 16 216	120 96	49	14			
Act III	20 40	196 44 92 44	68 12 22 20 84 142		14	12 8	2 3 1 1	112 8 8 24
TOTALS [54]	**100**	**1732**	**928**	**49**	**28**	**20**	**7**	**152**

C. Percentages

3.32   57.43   30.71   1.62   .93   .66   .23   5.04

VI. Conclusions

Lope de Vega's *Lo que pasa en una tarde* offers many interesting aspects to the reader: its succinct expository material, the

---

[54] My findings concerning the verse-forms employed by Lope in this *comedia* agree with similar findings of S. G. Morley and C. Bruerton in their work, *The Chronology of Lope de Vega's "Comedias"*, with the exception of the number of lines of *romances* and *seguidillas* in the play. Morley and Bruerton have 930 lines as *romances* and find no *seguidillas*, while I have 928 lines of *romances* and 7 lines of *seguidillas*. This discrepancy, in all probability, is owed to the reading of the manuscript and variant interpretations thereof. The autograph manuscript, in fact, is so written as to have 7 separate lines of *seguidillas* within the *romances*.
(Cf. S. G. Morley and C. Bruerton, *The Chronology of Lope de Vega's "Comedias"*, 1940, p. 28).

speed with which Lope presents the play's problem, the skillful use of intrigue, the interaction between the sub-plot and the main one, its clever character portrayal and the perfect balance of characters throughout the play.

The expository material is certainly brief: the *galán* loves the *dama*, and each of the principals is in turn sought by another. The rest of the play depends on this situation which has been reached before the play even starts.

In the very first scene, Lope presents the play's problem: the *dama* intends to avenge herself of her *galán* by changing to another suitor, and the *galán* reciprocates by expressing his desire to court another *dama*. Our interest has been quickly aroused, and all the necessary information pertaining to the play and its problem has been adroitly supplied at the outset.

Intrigue forms the basis of the drama's action, and all the irrational acts of the play are motivated by jealousy, tricks and schemes. Deceit, secret meetings and cleverly-executed plans are basic to the play.

The sub-plot is skillfully interwoven with the main plot, but it remains subordinate in the reader's interest to the affairs of the principal lovers. The sub-plot is brought in throughout the play when it can aid the main plot — the gradual reuniting of the two lovers — and when, ultimately, it can bring about the desired end of the drama.

The principal characters in the drama are victims of their own unreasonableness, and throughout the play their primary function is to effect their own reconciliation through various forms of trickery. The most important character in devising the schemes for the ultimate reunion of the principals is the play's *gracioso*. The *dama* is portrayed as a jealous but persistent lover, the *galán* is a rather slow-witted man, deeply in love, who follows the suggestions of others to achieve the play's desired end. Love is, of course, the keyword to the other characters in the play who, for the most part, alternately impede and aid the principals' reconciliation.

The balance of characters in the play is complete. The original master-servant relationship evolves into a lovers' pairing, and when this grouping dissolves, it is quickly replaced by yet another amorous pairing.

It is equally interesting to consider Lope's treatment of the traditional unity of time in *Lo que pasa en una tarde*. In his *Arte nuevo de hacer comedias* of 1609, Lope suggested that the action of the drama take place in the least amount of time possible, and he did propose his own version of a time unity with the following words:

> El sujeto elegido, escriva en prosa, y en tres actos de tiempo le reparta, procurando, si puede, en cada uno, no interrumpir el término del día.
> *(Arte nuevo* line 211. In H. J. Chaytor's *Dramatic Theory in Spain.)*

To the literary conservatives of Lope's time, among them López Pinciano and Francisco Cascales, this new rule was a flagrant violation of the traditional precept of limiting the action of the drama to one day. Moreover, in most of his plays Lope did not even observe his own rule for a modified unity of time with any degree of consistency, all of which further contributed to the annoyance of the Aristotelian preceptors of his day.

Romera-Navarro, commenting on the Aristotelian precepts of the drama, tells us that when Aristotle declared that the time-span for the action of the Greek tragedy should not exceed the length of time in which the sun passed through the heavens, he was merely referring to a custom previously practiced in the Greek theater.[55] For Aristotle, the only true unity was that of action.

The first modern dramatist to mention the time unity was Giraldi Cintio in 1543. Cintio said that the action of the comedy and the tragedy should be limited to one day, or little more. According to Joel Spingarn,[56] the Italian Segni in 1549 allotted 24 hours to the drama's time-span, since he reasoned that the matters treated in comedies and tragedies usually happen during nighttime. With the limiting of the action of the drama, a natural consequence was the limitation of its place, and another Italian,

---

[55] M. Romera-Navarro, *La perspectiva dramática de Lope de Vega*, 1935, p. 16.
[56] Joel E. Spingarn, *A History of Literary Criticism in the Renaissance*, 1908, p. 92.

Maggi, was the first to indicate the dramatic unity of place in 1550.[57] Ultimately, the literary traditionalists of the sixteenth century came to consider the three unities as inviolable rules of the comedy.

Lo que pasa en una tarde was written in 1617, a year of great emotion for Lope, because in that year the attacks of the Aristotelian preceptors against the *Fénix* culminated with the appearance of a book called the *Spongia*, a vitriolic diatribe written in Latin against Lope and his dramatic technique.[58] It would certainly seem that later in 1617 Lope wrote *Lo que pasa en una tarde* as a direct rebuke to those detractors who censured his dramas for their failure to adhere to the traditional unities. The entire action of the play takes place in one single afternoon and there is only one change of place in the work. In effect, Lope seems to have used this play as a means of proving to his critics that even though he usually considered the traditional dramatic unities as mere technicalities, he obviously was capable, upon occasion, of following them almost to the letter and still creating a pleasing and entertaining *comedia*.

Finally, this critical edition does not have as its primary objective a detailed study of Lope de Vega's literary war with the Aristotelian preceptors of his era. I have deliberately limited myself to a brief consideration of Lope's problem concerning the dramatic unities and the relationship of this problem to *Lo que pasa en una tarde*.

---

[57] Ibid., p. 94.
[58] Joaquín de Entrambasaguas, *Vivir y crear de Lope de Vega*, 1946, p. 329.

LO QVE PASA EN VNA TARDE

Comedia deste año de

1617

(Rúbrica)

Ac.N. fails to add *de* before 1617.

PERSONAS DEL P[RIMER]O ACTO

Unnumbered Folio

Don Juan
Tomé
Doña Blanca ... ...2ª y ter[cer]a jor[na]da
Teodora ... ...ase de sacer
Ynés
Gerardo, *viejo*
Don Felis ... ...Villegas
Marzelo ... ...Pérez
León ... ...ase de sacar
Julio

(*Rúbrica*).

Ac.N. and B add Celia to the list of characters.

ACTO P[RIMER]O.

Unnumbered Folio

Blanca, dama.

BLANCA. Amores bien enpleados,
aunque mal agradeçidos,
esso tenéis de perdidos,
que es teneros por ganados.
¿Qué ynportan gustos pasados, 5
si los presentes disgustos
son mayores que los gustos
y que el fabor, el desdén,
pues he perdido mi bien
por entre casos injustos? 10
  Truxéronme posesiones
a tan justas confianzas
y a tan extrañas mudanzas
yguales satisfaçiones.
Y como las sinrazones 15
antiçipan desengaños
a la verdad de los años,
siento que la culpa soy,
pues al estado en que estoy
me han trahído mis engaños. 20

Ac.N., B, Blanca, dama (e Inés, criada).   9. Ac.N., B, es perdido.
14. B, y iguales satisfacciones.

Discretos soys, pensamientos;
algo tenéis de adiuinos,
pues por tan varios caminos
me dixistes mis tormentos.
No daros fee mis yntentos 25
fue trataros como a estraños,
pues no puede haber engaños
que más venzan la razón
que pensar que no lo son
donde son los daños, daños. 30
   Entre dudas y reçelos
andauan mis gustos ya,
como quien temiendo está
las mudanzas de los çielos.
Çesen mi amor y mis çelos; 35
no quiero gustos ynjustos,
llenos de tantos disgustos,
que, en siendo la fee dudosa,
anda el alma temerosa,
y los gustos no son gustos. 40

YNÉS. ¿Acabó la exclamaçión?
BLANCA. Ella y mi amor acabaron,
aunque mis çelos pensaron
que era inmortal mi affiçión.
YNÉS. Injustos çelos te offenden; 45
verdad te trata don Juan.
BLANCA. Yo sé que aun no lo dirán
los ojos que le defienden: *Folio 2*
   honbre que sin ocasión
se ausenta, o quiere oluidar 50
o que le oluiden.
YNÉS.   Es dar
quexas de amor sin razón,
   pues yr a ver vnas fiestas
no es delito.
BLANCA.   Amando, sí;

---

27. C, no puede saber.

    que quien ama tiene en sí 55
que todas las fiestas conpuestas:
    si son toros, çelos son
toros; si cañas, la flechas
de amor lo son, con sospechas
de que puede haber trayçión. 60
    Y ynporta la diligençia;
que, a fee, que si el juego carga
que es menester buena adarga
con enpressas de paçiençia.
    Pues si comedias, Ynés, 65
¿qué pasos verá mexores
que los que da en sus amores,
donde no es mal entremés
    el engañar un marido,
puesto que yo no le tengo; 70
pero a conpararle vengo
con lo que he visto y oýdo?
    Si ver galas, en su dama
las puede ver; si jardines,
¡qué clabeles, qué jazmines 75
como el rostro que se ama!
    Si fuentes, ¡quánto es mexor
ver de vnos ojos correr
alguna lágrima y ver
que naze de puro amor, 80
    que quantas fuentes y ríos
son mares de Aranjüez!

YNÉS. Amor presume tal vez,
por enojos, desbaríos:
    yrse a las fiestas, don Juan, 85
de Castilla no sería
sin obligaçión.

BLANCA.   La mía
le quisiera más galán,
    que a las fiestas de Castilla
no les corre obligaçión 90

---

81. A, quantos fuentes y ríos.

	a los que grandes no son.	
Ynés.	Tu enojo me marauilla.	
Blanca.	Vn onbre particular	
	como don Juan, ¿a qué effeto?	
	Pues, Ynés, yo te prometo	95
	que me tengo de vengar,	
	y que a no viuir aquí	
	digo dentro de mi cassa	
	que tú vieras lo que passa	
	por sus fiestas y por mí.	100
Ynés.	Quiéresle como a tu vida,	
	¿y le oluidarás?	
Blanca.	No sé.	
	Pienso que le oluidaré,	
	que amor por venganza oluida,	
	y más si a otro amor la paso.	105
Ynés.	De tu condiçión lo fío.	
Blanca.	Daré gusto al padre mío	
	si con don Felis me caso,	
	que son deudos, como sabes,	
	y al fin, es vn caballero	Folio 3 110
	que no va a fiestas.	
Ynés.	Yo esspero	
	que apenas, señora, acabes	
	de dar el sí, quando estés	
	arrepentida.	
Blanca.	Aquí viene	
	Julio.	

✠ *Julio entre.*

Julio.	Si liçençia tiene	115
	quien de algún probecho es,	
	bien puedo llegar a hablarte.	
Blanca.	Nunca de mayor probecho	
	que agora, pues de mi pecho	
	mil nuebas tengo que darte.	120

---

101. A, Quieres le.   105. A, B, le paso.

	¿Qué haze don Felis?	
Julio.	Al punto	

JULIO.   Al punto
que acabaron de comer
   pidieron naýpes.
BLANCA.   (En ver
que sin alma lo pregunto,
   dize mi amor que es forzado.)   125
JULIO.   Jugando quedan.
BLANCA.   ¿Quién gana?
JULIO.   Don Felis.
BLANCA.   Luego ¿fué vana
la razón que han ynuentado
   los primeros jugadores?
JULIO.   No sé que della me acuerde.   130
BLANCA. Dizen, Julio, que quien pierde
está bien con sus amores.
   Pues si a Felis le va bien,
¿cómo gana?
JULIO.   Bien le va,
pues que tú lo dizes ya,   135
siendo, señora, su bien.
   Y asi conmigo te enbía
aquestos beynte doblones.
de barato.
BLANCA.   Obligaçiones
engendra su cortesía.   140
JULIO.   Díxome que te dixese
que para chapines son,
y que pidiese perdón
de que el barato no fuese,
   pues era para tus pies,   145
tal, que fueran de diamantes
las virillas.
BLANCA.   (No te espantes
que adore a Felis, Ynés.
   ¡Mal aya yo si le quiero!

---

147. A, as virillas.

	Venganzas son de don Juan.)	150
Julio.	Las dos presumo que dan.	
	Voy a ensillar el ouero,	
	que tenemos esta tarde	
	más de mil cosas que hazer.	
	¿Quieres algo responder?	155
Blanca.	Espera, ¡assí Dios te guarde!	
	Dale esta vanda a tu dueño,	
	aunque esté mi padre allí,	
	que no le pesa...	
Julio.	Es ansí.	
Blanca.	De ver que este amor le enseño,	160
	y, partiendo del barato,	
	toma estos quatro doblones.	
Julio.	Caygan quatro bendiçiones	
	sobre ti.	
Ynés.	No es Julio yngrato.	
Julio.	La primera, que xamás	165
	te falten galas, señora,	
	porque es la cosa que agora	
	quieren las mugeres más;	
	la segunda, que bien sientes	
	que hazen a la edad engaños,	170
	jamás se atreban los años	
	a las perlas de tus dientes;	
	la terzera y la mayor	
	para viuir en quietud,	
	que te sirba la salud	175
	de solimán y color;	
	la quarta, del cielo ynplores	
	tal marido, que sí harás,	
	que no se duerma xamás	
	sin que te aya dicho amores.	180

Folio 4 (line 170)

✠ *Váyase Julio.*

---

151. A, Los dos — que van.   159. A, que es ansí, spoken by Blanca instead of Julio.   174. Ac.N., B, para venir.   177. Ac.N., imploro.

Ynés.	¿Consolada estás?	
Blanca.	No sé.	
	¿No has visto [a] vna vela dar,	
	quando se quiere acabar,	
	falsas llamas?	
Ynés.	Bien se ve	
	que son falsas, pues que guardas	185
	el dinero.	
Blanca.	Oluido ha sido,	
	Ynés; perdona el oluido.	
Ynés.	Si das, señora, no tardas.	
Blanca.	Toma, Ynés, este doblón.	
Ynés.	¿Quatro a Julio y vno a mí?	190
Blanca.	Tú eres de casa.	
Ynés.	Es ansí.	
Blanca.	Nunca las mugeres son	
	con mugeres liberales.	

✠ *Tomé, de camino; fieltro viejo, botazas y espuelas.*

Tomé.	¡Graçias a Dios y a mis pies,	
	perfiladíssima Ynés,	195
	que los pongo en tus vnbrales!	
Ynés.	¡Ay, señora, el buen Tomé!	
Tomé.	¡O doña Blanca! ¡O jazmín!	
	¡O estupendo serafin!	
	Dame onze puntos de pie;	200
	para alamares los pido	
	de aquesta boca. ¿Qué es esto?	
	¿Carita esconde y da gesto?	
Blanca.	Tú eres mui mal venido.	
Tomé.	¿Cómo puede ser, si ya	205
	dentro del lugar estoy,	
	y sin albriçias te doy	
	nuebas de que en él está	
	don Juan, mi señor?	
Blanca.	¿Quién dize?	

---

184. A, vee.   185. A, guardes.   188. A, tardes.

Ynés.	Don Juan.	
Blanca.	Pues ¿quién es don Juan?	210
Tomé.	Vn mozo que, por galán,	
	todo Madrid le bendize,	
	y que abrá como ocho días	
	que se fue dél y de ti.	
Blanca.	No me acuerdo si le vi.	215
Tomé.	¿Es ansí? No le verías,	
	que çelos suelen hazer	
	la vista gorda; que son	
	villanos con presunçión	
	que no acaban de creher	220
	que los murmura quien sabe	
	los principios que tubieron.	
Blanca.	Antes ésos mereçieron	
	que su virtud los alabe,	
	y aquí no ay çelos, Tomé,	225
	ni ynportan conparaçiones.	
	Acortando de razones,	
	don Juan, tu señor, se fue	
	a las fiestas de Castilla.	
	El páxaro que se vio	230
	solo, del nido boló.	
Tomé.	Tu enojo me marauilla *Folio 5*	
	¿Lo de los nidos de antaño	
	su ausençia ha venido a ser?	
Blanca.	Pues bien lo puedes creher,	235
	que no ay páxaros ogaño.	

✠ *Váyase doña Blanca.*

Tomé.	¿No ha sido el que fue a la fuente	
	mi amo, Ynés?	
Ynés.	Bien se vee.	
Tomé.	Pues quando de aquí se fue,	
	¿no le dixo: "Bebe y vente"?	240
Ynés.	Estas son yras de amantes.	
Tomé.	Allá vn poeta de fama	

	redintegraçión las llama	
	de lo que se amauan antes.	
	¿Çesará la tempestad?	245
YNÉS.	Çesará. Mas ¿qué ay de fiestas?	
TOMÉ.	En tragedias como aquéstas	
	pide llanto y soledad.	
YNÉS.	Ellos harán amistades	
	y cesarán sus enojos,	250
	que por ser soles los ojos,	
	serenan las tempestades.	
	Tú no te fuiste de mí,	
	pues tu amo te llebó,	
	ni tubiera causa yo	255
	para quexarme de ti.	
	Dime las fiestas, Tomé.	
TOMÉ.	Eso no me toca ya.	
	Yngenios fueron allá,	
	y vno entre los muchos fue	260
	de quien se pueden fiar,	
	aunque ellas tan grandes fueron,	
	que ylustre materia dieron	
	a su pluma singular.	
YNÉS.	Mucho tu humildad me agrada.	265
TOMÉ.	Sí, pero debes notar	
	que estoy ronco de cantar,	
	y nunca me han dado nada.	
YNÉS.	Herm[an]o, pide y acude.	
TOMÉ.	Creo que si estornudase	270
	que apenas vn onbre hallase	
	que dixese: "¡Dios te ayude!"	
	Si va a deçir la verdad,	
	yo lo merezco tan poco,	
	que me tubieran por loco	275
	si no tubiera humildad.	
YNÉS.	Pues algo me has de dezir	
	de las fiestas de Castilla,	
	así, con pluma sençilla,	
	como apprendiendo a escriuir.	280
	Sin esperar a la pinta,	

	caballo, ni rey xamás,	
	algo deçirme podrás.	
Tomé.	Oye con musa suçinta	
	la historia de los lacayos,	285
	que es la que me toca a mí.	
Ynés.	¿De los lacayos?	
Tomé.	Sí.	
Ynés.	Di.	
Tomé.	Oýdme, oberos y bayos,	
	blancos, castaños, rosillos,	
	alazanes y melados,	290
	los que en Parnaso bebéys	
	y los que bebéys con blanco,	
	potros de Alcaraz famosos,	
	rozines de lizençiados	
	gualdraposos hasta abril	295
	y hasta el otubre descalzos;	
	los que en calzas y en jubón,	*Folio 6*
	quando os sacan a los patios,	
	pareçéys debanaderas	
	de puro secos y flacos.	300
	Oýd, dotorandas mulas	
	de medizinales amos,	
	así os purg[u]en zanahorias	
	y así os conbalezcan cardos;	
	y vosotras, prebendadas,	305
	que con las tocas colgando	
	parezéys, en mascar yerro,	
	biüdas del primer año.	
	Oýd, y no os oluidéys,	
	cochiferinos caballos,	310
	que en enbelecos de gueso	
	llebáys sirenas al Prado.	
	Oýd, gerónimas mulas,	
	y hasta las que tiran carros,	
	que así las musas se ynploran	315

---

288. C, obreros (corrected in *erratas*).   315. Ac.N., B, mulas.

como lo piden los cassos.
A las fiestas de Castilla
fue el esquadrón más bizarro
que la fama lacayosa
llebó desde el baso al xarro,   320
quiero deçir desde el Duero
a las corrientes del Tajo;
Tajo a quien paga tributo
Manzanares, arrastrando
en peregil y xabón   325
con no pequeño trabajo.
Benito de Talabera,
en Madrid reçién casado,
con menos brío que antes,
salió de encarnado y pardo;   330
llebó de su dama al cuello
vn listón, pendiente al cabo
vna cruz, que traher debe
todo casado cristiano.
Vinieron las calzas cortas,   335
mas como era zambo y alto,
las ligas le parezían
los espolones del gallo.
Martín de la Corredera,
de criminales mostachos,   340
salió perdonando vidas
y raçiones al caballo.
Era su librea azul,
guarneçióla naranjado,
plumas blancas que serbían   345
de aza[ha]r al mismo naranjo.
Las peynaduras de Ynés
el negro sonbrero honrraron
con más liendres que cabellos,
aunque ella le dixo al darlos   350
que eran las almas de algunos

---

327. A, Deniso de Talabera.

| | que en la prisión de sus lazos | |
| | penauan por su hermosura. | |

Ynés. ¡Disculpa estraña!
Tomé.   Oye vn rato.
      Lorenzo de Fortigueyra,   355
      gallego, pero no tanto
      que no tubiesse en Castilla,
      como de limosna, vn quarto,
      entró más galán que el sol,
      si bien por ser corto y ancho   *Folio 7.*   360
      era nabo de su tierra,
      fértil de ydalgos y nabos.
      Su vestido, azul y negro
      colores que se casaron,
      sin dispensaçión vn día   365
      y quedáronse casados.
      Dióle Marina de Otáñez
      a la partida vn abrazo
      y dos torreznos.
Ynés.   Fabor
      cristiano viejo.
Tomé.   ¡Y qué tanto!   370
      no le puso en la toquilla
      por no manchar lo bordado;
      pero púsole en la panza
      con esta letra:
Ynés.   Ya aguardo.
Tomé. "Grande amor, o gran flaqueza."   375
Ynés. ¡Brabo poeta!
Tomé.   Callando,
      Ynés.
Ynés.   ¿Yo?, ¿qué digo?
Tomé.   Aquí
      no se ha de mentar el malo.
Ynés. Finalmente ...

---

357. C has this line and line 358 in reverse order (corrected in *erratas*).
359. Ac.N., B, él solo.

TOMÉ.   Finalmente,
        entró Bernal Tolosano,   380
        sangrándose los dos ojos
        con los vigotes alzados.
        Hizo por todo el camino
        a quatro amigos el gasto,
        sin llebar aparadores,   385
        reposteros ni criados.
        Fue su vestido pajizo,
        leonado, morado y blanco,
        colores no de su dama,
        sino del conde, su amo.   390
        Sacó vn listón por enpresa
        de Catalina de Ramos
        en Manzanares humilde
        batanadora de paños.
        Siguióle, todo de verde,   395
        el baliente Pero Marcos;
        Pero Marcos, honbre zurdo,
        pero bien ynténçionado.
        Yba el cuerpo del marqués
        entre verderones quatro   400
        como entre quatro çipreses,
        porque eran delgados y altos.
        Era lacayo tan fuerte,
        que a ninguno de su trato
        llamó en su vida merzed,   405
        sino vos, primo o hermano.
        A la segobiana puente,
        que con berroqueños brazos,
        sin darle ocasión ning[un]a,
        oprime aquel pobre charco,   410
        cuyos ojos no ven río,
        por más que estén desbelados,
        salió Ynés; llebó en los suyos
        las aguas que le faltaron,

---

392. C omits this (corrected in *erratas*).

y dióle quatro pañuelos 415
y dos cuellos que en llegando,
abrió con molde y luzieron
por echura de sus manos.
Aquí fabor, dulçes musas,
que entra Colindres gallardo, 420
baliente por su persona
como Bernardo del Carpio.
Todo vestido de nácar, *Folio 8*
era vn pimiento lacayo,
para sotana bien echo, 425
porque era delgado y zanbo.
Ninguno al juego de cañas
la dió más presto, y más brabo
espero toro, pues dizen
que hasta oy le está esperando. 430
Contarte, Ynés, por estenso
de tanto famoso ydalgo
nonbres, hazañas y galas,
será contar al Parnaso
las plumas, a las medidas 435
las faltas, los pesos falsos
a los pulgares, y en fin
mis desseos a tus brazos.
Sólo asegurarte puedo
que esta obstentaçión y gasto 440
no ha sido por cuenta suya,
sino a costa de sus amos.
No ayas miedo que alguacil
llebe dézima en mil años
de execuçión que les haga 445
por tantas telas y rasos,
ni que se quexe oficial
de las echuras de tantos
vestidos. Y tú perdona,
bella Ynés, si no me alargo, 450

---

428. Ac.N., ladeó.   446. A, tantos.   450. A, sino.

	que porque viene don Juan	
	çeso, bessando tus manos.	
Ynés.	Pues no quiero estar aquí.	
	que pueden cansar a un mármol	
	preguntas de amante ausente.	455
Tomé.	Son neçios sobre cansados.	

✠ *Don Juan de camino.*

Juan.	Tomé ...	
Tomé.	¿Señor?	
Juan.	¿Qué ay de nueuo?	
	¿Has visto a mi bien?	
Tomé.	Ya vi	
	a tu bien.	
Juan.	Y ¿qué ay de mí?	
Tomé.	Que a deçirlo no me atrebo.	460
Juan.	¿Cómo no?	
Tomé.	Los pies le pido,	
	cara y chapines esconde,	
	y buelta en nieue responde:	
	"Vos seáys mui mal venido."	
	"¿Cómo puede ser, si ya	465
	dentro del lugar estoy —	
	le dixe — y nuebas te doy	
	de que en él don Juan está?"	
	"¿Quién es don Juan?" — respondió.	
	Yo dixe: "Vn galán que ayer	470
	se partió para bolber."	
	"Pues di que le digo yo	
	que ya en los nidos de antaño ..."	
Juan.	¡O, qué donayre!	
Tomé.	No sé	
	si es donayre o lo que fue;	475
	mas, "no ay páxaros ogaño."	
	Sin esto, entendí al entrar	
	que don Felis ha comido	

---

454. A, aun.

	con el viejo, y, si esto ha sido,	
	Blanca se quiere cassar.	480
	De aquí a la noche ha de haber	
	espantosas nouedades,	
	que en esto de voluntades	
	no ay que fiar de muger.	
Juan.	Tomé, la que me ha tenido	485
	Blanca no se habrá mudado; *Folio 9*	
	venganzas habrán causado	
	aqueste fingido oluido.	
	¿De aquí a la noche amenazas	
	mi amor con tales suçesos?	490
Tomé.	Çelos hazen mil exçesos;	
	tienen diabólicas trazas.	
Juan.	No hay cosa que me acobarde.	
Tomé.	¡Mira que Blanca es muger!	
Juan.	¿Qué me puede suçeder,	495
	si ha de ser en vna tarde?	
Tomé.	En vna tarde perdió	
	Nerón su ymperio, y el mundo	
	Alexandro; el mar profundo	
	la Armada desbarató	500
	de Xerxes, y troya fue	
	en vna noche abrasada;	
	y Roma ...	
Juan.	No digas nada,	
	que bien lo alcanzo, Tomé;	
	pero como sé que son	505
	çelos, con la misma treta	
	verás a Blanca sujeta,	
	dando Teodora ocasión.	
	Es su amiga, y que me adora	
	sabes; si Blanca porfía	510
	con don Felis, este día	
	la abrasaré con Teodora.	
Tomé.	Ya de ese coche se apea.	
Juan.	Viene a famosa ocasión.	
Tomé.	Los çelos el agrio son	515
	del amoroso xalea.	

JUAN.	Querer bien todo es desbelos:	
	no duerme bien el temor,	
	porque es vn relox amor,	
	y el despertador, los çelos.	520

✠ *Teodora con manto y dos que la aconpañen. Çelia.*

ÇELIA.	Dizen que vino don Juan,	
	como en esta casa viue.	
JUAN.	Tan çierto que él os reçiue.	
TEODORA.	Y que mis brazos os dan	
	el parabien de venir	525
	con salud.	
JUAN.	Para seruiros,	
	aunque pudiera deçiros	
	que estube para morir	
	de la ausençia de esos ojos.	
TEODORA.	¡Qué notable nobedad!	530
	¿De mis ojos soledad?	
	¿Vos de mis ojos enojos?	
	¡Mucho debiera a la ausençia!	
	Milagros suyos serán,	
	pues nunca pudo, don Juan,	535
	tanto con vos la presençia.	
JUAN.	Como allá tube lugar	
	para pensar la belleza	
	con que la naturaleza	
	os quiso perfiçionar,	540
	rindióse mi entendimiento	
	a tal ymaginaçión,	
	que es justa mi perdiçión	
	por vu[estr]o merezimiento.	
	Yo vengo a todo dispuesto	545
	quanto me queráys mandar.	
TEODORA.	¿Qué os puedo yo suplicar	
	que no sea justo y onesto?	

St. dir. after 520. A, C, Çelio.　　522. Ac.N. and B have Teodora reciting this line as a question.

	Pero, mientras no soys mío,	
	¿cómo os tengo de creher?	Folio 10 550
Juan.	En confiando que ha de ser	
	lo que del t[iem]po confío.	
Teodora.	Si el t[iem]po ha de dar fianzas	
	de tales obligaçiones,	
	mientras llegan posesiones,	555
	¿qué me days por esperanzas?	
Juan.	Vna çédula os haré,	
	si con otra confirmáys	
	que soys mía.	
Teodora.	Si firmáys	
	lo que dezís, yo seré	560
	la muger más venturosa.	
Juan.	Tomé …	
Tomé.	¿Señor?	
Juan.	Ve por pluma,	
	papel y tinta; y presuma	
	de mi amor Teodora hermosa,	
	que es mayor que el que me tiene.	565
Tomé.	Voy.	
Juan.	(Todo aquesto es finjido.)	
Teodora.	(¡Notable dicha he tenido!)	
Çelia.	Blanca, mi señora, viene.	

✠ *Blanca.*

Juan.	Çelos hazen ya su effeto.	
	Tú verás cómo la trato.	570

✠ *Blanca y Ynés.*

Blanca.	¡Con Teodora aquel ingrato!
Ynés.	Por picarte a lo discreto.

---

551. Ac.N. and B omit *en*.   553. Ac.N., B, ha de ser.   556. Ac.N., esperanza.   567. A and C do not have this line spoken aside. St. dir. after line 568. Ac.N. and B omit Blanca's entrance. A has both Blanca and Ynés entering here.   569-570. C has Teodora speaking these lines. St. dir. after line 570. A omits this stage direction.

BLANCA.	Señor don Juan, ¿quándo ha sido la buena venida?	
JUAN.	Agora, con el alba de Teodora, que es la luz con que he venido.	575
BLANCA.	¿Vuesa merzed trahe salud?	
JUAN.	La que vee vuesa merzed.	
YNÉS.	(¡Tal cortesía y merzed! Çierto que es grande virtud. No sé cómo son los çelos malquistos y murmurados, quando son tan bien criados.)	580
JUAN.	Guarden, señora, los çielos a vuesa merzed.	
BLANCA.	Ansí guarden a vuesa merced.	585

✠ *Váyase don Juan.*

YNÉS.	(Pues que viene la merzed, cautiuos ay por aquí.)	
TEODORA.	No pensé que reçiuieras tan melindrosa a don Juan.	590
BLANCA.	Pues, ¿qué cuidado me dan ni sus burlas ni sus veras?	
TEODORA.	Mucho me alegro de ver que estés ya tan descuidada.	
BLANCA.	Sólo don Felis me agrada; de don Felis soy muger.	595
TEODORA.	¿Eso es çierto?	
BLANCA.	A verlo ven.	
TEODORA.	Luego ¿puedo hablar?	
BLANCA.	Podrás.	
TEODORA.	Pues si tú casada estás, dame, Blanca, el parabien de que con don Juan lo estoy.	600
BLANCA.	¿Qué escucho?	

587, 588. A and B do not have these lines spoken aside.

Teodora.	Ya es mi marido.	
Blanca.	El parabien que te pido	
	es el mismo que te doy.	
	(No de balde se ausentaua	605
	don Juan; ¿o fingió ausentarse	
	para engañarme y casarse?)	
Teodora.	(De mi bien segura estaua,	
	como quien no merezía	
	verse en él.)	
Blanca.	(Ya no ay que aguarde.)	610
	¿Dónde yremos esta tarde?	
Teodora.	Yr haçia el Prado querría.	
Blanca.	Parézeme que es mexor	
	yr a la Casa del canpo.	*Folio 11*

✠ *Entre Tomé.*

Tomé.	(Adonde la planta estanpo	615
	la suya pone el temor,	
	porque suele destas cosas	
	resultar algún pessar.)	
	El papel traygo a firmar.	
Teodora.	Por esas nuebas dichosas	620
	te doy aqueste bolsillo.	
Tomé.	¿Tiene alma?	
Teodora.	Y alma de oro.	
Tomé.	Las negras suelas adoro	
	de tu blanco çapatillo.	
	Con alma de oro me agradas,	625
	no porque ynterés me dén,	
	pero porque no estoy bien	
	con las cosas desalmadas.	
	Si otro bolsillo tubieras,	
	la çedula que ha firmado	630
	mi señor te hubiera dado.	
Teodora.	Dámela, Tomé, ¿qué esperas?	

---

605. A, debalde.   612. A, yr oy a el prado.

	Que aquí tengo este diamante.
TOMÉ.	Tómala y adiós.

✠ *Váyase Tomé.*

TEODORA.	¡Ay, çielos!
	¡Qué gran bien!
BLANCA.	(Pensé dar çelos 635
	como muger ynorante,
	y hanme herido por los filos.)

✠ *Don Felis y Gerardo, viejo.*

GERARDO.	Yo perdí, pero he ganado.
FELIS.	No han sido de conuidado,
	Gerardo, nobles estilos 640
	haberos ganado.
GERARDO.	Yo,
	aunque pierdo, soy quien gana.
FELIS.	Que yo soy es cosa llana,
	pues oy el çielo me dió,
	el sí de que será mía 645
	Blanca, mi señora.
GERARDO.	¡El çielo
	solamente en todo el suelo
	hallar v[uest]ro ygual podía;
	y estoy contento de modo
	que de mi hijo la ausençia 650
	consuela v[uest]ra presençia.
FELIS.	Onrrarme queréys en todo.
TEODORA.	Blanca, tu padre y tu esposo.
BLANCA.	Señor.
GERARDO.	¿Cómo no has entrado
	a verme jugar?
BLANCA.	He dado 655
	en vn engaño forzoso.

635-637. A does not have Blanca speaking these lines aside. St. dir. after line 637. B adds Julio to Felis and Gerardo.

	Los que miran se affiçionan	
	de vno de los dos que juegan,	
	y quando las suertes llegan,	
	sienten, dessean y abonan.	660
	Yo no he querido saber	
	a quál de los dos tenía	
	más ynclinaçión.	
GERARDO.	¿Podía	
	desta suerte responder	
	el más alto entendimiento?	665
FELIS.	Es de manera que el mío	
	se acobarda, aunque porfío	
	con justo agradeçimiento;	
	ý desta vanda y fabor,	
	con que me days esperanza,	670
	quiere amor, que el bien alcanza,	
	trocar la verde color;	
	que quien llega a posseer	
	ya no tiene que esperar.	
BLANCA.	(Amor, que me ha de matar,	675
	no me dexa responder.	
	¡Necia venganza he tomado	*Folio 12*
	de mi don Juan!)	
GERARDO.	En effeto	
	queréys parezer discreto;	
	no parezéys despossado.	680
	Hija, de que das el sí	
	al señor don Felis quiero	
	hazer testigos.	
BLANCA.	(¡Oy muero!	
	Amor, ¿qué será de mí?)	
GERARDO.	Ve, Julio, luego a llamar	685
	dos que lo sean.	
JULIO.	Señor,	

---

658. A, Ac.N., a uno.   678. A, del mi don Juan.   679. C, descreto. St. dir, after line 690. B has Julio departing while Gerardo continues speaking to Felis.

	¿quién puede serlo mexor,	
	pues acaban de llegar,	
	que don Juan y su criado?	
GERARDO.	Bien será, y conozeréys	690
	a don Juan, en quien tendréys	
	vn guésped y amigo onrrado,	
	que está de aposento aquí.	
FELIS.	Ya tengo notiçia dél.	
BLANCA.	(Para vengarme, cruel,	695
	tengo que deçir que sí;	
	que, pues çedula le has dado	
	de cassamiento a Teodora,	
	tengo de cassarme agora	
	con pecho desesperado	700
	a tus mismos ojos.)	

✠ *Entren Julio, don Juan y Tomé.*

JULIO.	Ya tienes testigos aquí.	
JUAN.	(Blanca se casa, ¡ay de mí!)	
TOMÉ.	(Por lo menos aquí está.)	
GERARDO.	Señor don Juan...	
JUAN.	¡O, señor!	705
GERARDO.	Vos seáys mui bienvenido.	
JUAN.	Tan brebe mi ausençia ha sido,	
	que sólo en v[uest]ro balor	
	pudiera hallar parabien	
	desta venida escusada.	710
FELIS.	Oy queda mi dicha onrrada,	
	señor don Juan, pues soys quien	
	es de mi gloria testigo.	
JUAN.	Yo soy v[uest]ro seruidor,	
	y confiesso el grande onor	715
	que gano en ser v[uest]ro amigo.	
GERARDO.	Escusando cunplimientos	
	sabed, mi señor don Juan,	

703, 704. A does not have these lines spoken aside.

               que el vno al otro se dan
               palabras y juramentos   720
                  de cassarse, ya entendéys,
               Blanca y Felis.
JUAN.   Es forzoso
               que ella diga que es su esposo,
               y que vos me perdonéys,
               que si ella no dize sí,   725
                 ¿cómo lo podré jurar?
BLANCA. Sí, digo.
JUAN.   No hay que aguardar
               más esperanzas aquí,
                 sino tomar posesión.
BLANCA. Con esto, liçençia os pido.   730
FELIS.   ¡Notable mi dicha ha sido!
GERARDO. Felis, las nuestras lo son.

✠ *Todos se entren, y queden don Juan y Tomé, diçiendo Teodora*
                      al salir:

TEODORA. Ya la çédula me dió
               Tomé, mi bien.
JUAN.   Sí daría.
TEODORA. Yo voy a firmar la mía   735

                ✠ *Váyase Teodora.*

JUAN.   ¡Mi muerte ynjusta llegó!
TOMÉ.   ¿No te dixe que podían   *Folio 13*
               suceder en vna tarde
               muchas cosas?
JUAN.   No hay que aguarde
               la loca esperanza mía.   740
                Esto no ha sido venganza,
               sino gusto. ¿Qué he de hacer?
               ¡Blanca de Felis muger!
TOMÉ.   Habla, señor, con tenplanza,

---

732. Ac.N., B, las muestras.   742. Ac.N., Que el de hacer.

	que te pueden escuchar.	745
JUAN.	¿Qué ynporta, si estoy perdido?	
TOMÉ.	Gente de fuera a venido.	
JUAN.	No me vendrán a ayudar.	
TOMÉ.	¡Viue el çielo, que es Marzelo, hermano de Blanca!	
JUAN.	El viene	750
	a buen t[iem]po; todo tiene	
	lugar en mi desconsuelo.	
TOMÉ.	¡Con qué notable alegría	
	le abraza toda la cassa!	
JUAN.	¡Toda la cassa me abrassa!	755
	¡Muerto soy! ¡Ay, Blanca mía!	
TOMÉ.	Mira que no es noble yntento,	
	sangre generosa y franca,	
	que por perder vna Blanca	
	hagas tanto sentimiento.	760
	¡Si perdieras mil doblones! ...	
JUAN.	¡Bestia, mi dolor no ynpidas!	
	¿No ves que pierdo mil vidas,	
	mil almas, mil corazones?	
TOMÉ.	Neçiamente proçediste	765
	en dar luego a Blanca çelos,	
	pues el çebo y los anzuelos,	
	pensando pescar, perdiste.	
	¿No fuera mexor callar	
	y hazer amistad con ella?	770
JUAN.	Darle çelos fue perdella;	
	no ay en çelos que fiar.	
TOMÉ.	Ellos son como sangría:	
	tal mata y tal aprobecha.	

✠ *Marzelo, de soldado galán, y León, criado.*

MARZELO.	No fue vana mi sospecha.	775
LEÓN.	No ay más çierta profeçía	
	que vn celoso pensamiento.	
TOMÉ.	Marzelo es éste.	
JUAN.	Señor ...	

Marzelo.	Alegrárase mi amor	
	en este reçivimiento,	780
	si tales nuebas no hallara.	
Juan.	¿Qué? ¿No os agrada el cuñado?	
Marzelo.	Del cuñado bien me agrado,	
	aunque nunca me agradara,	
	mas no de hallaros a vos	785
	despossado con Teodora.	
Juan.	Despossado no, que agora	
	tratamos deso los dos,	
	y aunque en çédulas están,	
	Marzelo, estos cassamientos,	790
	yo sé de mi[s] pensamientos	
	que nunca se cobrarán;	
	y seáys mui bienvenido	
	si los habéys de estorbar.	
Marzelo.	¿Bienvenido a ver casar	795
	cosa que tanto he querido?	
Juan.	Ya os digo que no ha de ser.	
Marzelo.	¿Por qué?	
Juan.	Porque çelos fueron	
	de ver que a don Felis dieron	
	v[uest]ra hermana por muger. *Folio 14*	800
Marzelo.	Como yo estubiera aquí,	
	yo sé que no suçediera.	
Tomé.	¿Puedo hablar?	
Marzelo.	Abla.	
Tomé.	Aunque fuera	
	de cal y canto éste sí,	
	se pudiera desazer.	805
	Hable Marzelo a su hermana,	
	que tengo por cosa llana	
	que venga a ser tu muger.	
Juan.	Marzelo, pues ya llegamos	
	a hablar los dos claramente,	810
	y sabes que soy tu amigo	

---

788. Ac.N., tratemos.

| | desde que aquí fui tu guésped,
| | yo pienso que todo naze
| | de çelos ynpertinentes.
| | Negoçia que doña Blanca 815
| | no se casse con don Felis,
| | que yo te doy la palabra
| | que no sea eternamente
| | mi muger Teodora.
| MARZELO. | ¿Harás
| | lo que dizes?
| JUAN. | Si tú vieres 820
| | lo contrario, desde oy
| | quiero quedar por alebe.
| MARZELO. | Dame los brazos, don Juan,
| | y haz cuenta que llego a verte
| | en este punto, que amor 825
| | en el v́ltimo me tiene.
| | Soy tu amigo, y me tendrás
| | a tu lado en quanto fuere
| | de tu gusto, que en tu mano
| | está mi vida, o mi muerte. 830
| | De las guerras de Milán
| | vengo, donde he sido alférez.
| | Murió don Alonso, gloria
| | y onor de los Pimenteles,
| | mozo de grande esperanza, 835
| | heroyco, ynuicto, baliente,
| | a manos de su fortuna,
| | que sólo pudo venzerle.
| | Perdí su amparo; perdió
| | España vn Hetor; vn fuerte 840
| | Aquiles la guerra; en años
| | tiernos vn viejo prudente
| | a quien tenblaba la mar,
| | los baxaes y baxeles
| | del turco; asonbro de Ytalia. 845

---

839. A, Perdió su amparo.   843. B, temblara.   844. A, y los baxaes.
845. A, asonbrada Ytalia; Ac.N., sombra; C, asonbro da Ytalia.

	Pero estas cosas merezen	
	la pluma del cordobés	
	Góngora, yngenio eminente,	
	no la rudeza del mío.	
	En fin, yo buelbo a que cesse	850
	la guerra en mí, porque amor	
	manda que la espada cuelg[u]e.	
	Haz tú que me case yo,	
	don Juan, pues mi pena sientes	
	por la tuya, que yo haré	855
	que Blanca a don Felis dexe;	
	sí, ¡por la fee de soldado!	
JUAN.	Marzelo, si tú pretendes	
	a Teodora, será tuya,	
	con que sólo desconçiertes	860
	este ynjusto casamiento.	*Folio 15*
MARZELO.	Tú lo verás.	
JUAN.	Pues aduierte	
	que no pase desta tarde,	
	que en vna tarde suçeden	
	cossas, que no dan lugar	865
	a que en mil años se cuente[n].	
MARZELO.	Blanca, viene; vete.	
JUAN.	Boyme.	
	¡Ay, Tomé! ¿Qué te pareze?	
TOMÉ.	Que aun queda sol en las bardas,	
	y de aquí a la noche es juebes.	870

☩ *Váyanse.*

☩ *Blanca.*

BLANCA.	Quando era justo alegrarte,
	dizen que enojado vienes.
MARZELO.	Pues ¿cómo quieres que venga?
	Don Felis es mi pariente,

---

855. A, par la tuya.   862-866. A has Marzelo speaking these lines!
869. A, en las pardas.   St. dir. after line 870. Ac.N. makes no mention
of Blanca's entrance.

	y prinçipal caballero	875
	de los mexores Meneses,	
	mas no le quisiera hallar	
	cassado contigo.	
BLANCA.	Tienes	
	poca razón, porque es onbre	
	que mexor lugar mereze.	880
MARZELO.	Ea, Blanca, que yo sé	
	que algún día, si conçede	
	liçençia el onor, estauas	
	de otro gusto y de otra suerte.	
	Don Juan te adora, y me ha dicho	885
	que para muger te quiere,	
	y que me dará a Teodora	
	como tú a don Felis dexes.	
	¡Ay, Blanca! Si puede ser	
	de mis desdichas te duele;	890
	si no, haz cuenta que en Milán ...	
BLANCA.	No digas más, pues entiendes	
	que aunque a Felis adorara,	
	le dexara dos mil vezes.	
	Soliçita que don Juan	895
	dexe a Teodora, aunque piense	
	que yo no le quiero bien,	
	y no habrá bien que dessees	
	que yo no te soliçite.	
MARZELO.	Teodora viene.	
BLANCA.	Pues vete	900
	hazia la Cassa del Canpo,	
	si no es que cansado vienes,	
	que yo haré que allí la hables.	
MARZELO.	Será ganarme o perderme.	

☧ *Teodora*

TEODORA.	Mira que las tres han dado,	905
	Blanca, y que la tarde pasa.	

---

891. A, sino.

Blanca.	Anda alterada la cassa	
	con nuestro galán soldado,	
	y aun él lo viene de suerte,	
	que pienso que tú has de ser	910
	la guerra que ha de tener	
	y la causa de su muerte.	
Teodora.	¿De Marzelo?	
Blanca.	De Marzelo,	
	tan amigo de don Juan,	
	que los dos se matarán	915
	si no lo remedia el çielo.	
Teodora.	Pues ¿quién le dixo tan presto	
	que nos cassáuamos?	
Blanca.	Yo.	
Teodora.	¿No sabías su amor?	
Blanca.	No.	
Teodora.	¡En qué confussión me has puesto!	920
Blanca.	El, Teodora, me ha rogado *Folio 16*	
	que te rueg[u]e que le quieras,	
	y, para hablarte de veras,	
	don Juan palabra le ha dado	
	de no cassarse contigo.	925
Teodora.	Esso no puedo creher,	
	que yo he de ser su muger	
	y él se ha de cassar conmigo,	
	que las çédulas ya son	
	vna firmada escritura.	930
Blanca.	Eso en casamientos dura	
	hasta tomar posesión.	
	Si don Juan tiene respeto	
	a su amigo, aunque él te adora,	
	no será tuyo, Teodora,	935
	porque es trayçión en effeto.	

✠ *Ynés entre.*

---

909. A, aunque.   918. C, cassuamos (corrected in *erratas*).   931. Ac.N., B, casamiento.

Ynés.	El coche os está esperando.
Teodora.	Espérate vn poco, Ynés.
	¿Trayçión dizes?
Blanca.	¿No lo es?
Teodora.	Ya me voy desengañando, 940
	que debe de ser trayçión,
	mas no trayçión de don Juan.
Blanca.	Vanas sospechas te dan
	y çelos injustos son:
	yo soy de don Felis ya. 945
Teodora.	Yo me entiendo; ven.

✠ *Váyase Teodora.*

Blanca.	Ya voy;
	de don Felis soy, no soy.

✠ *Don Juan y Tomé.*

Tomé.	Sola doña Blanca está
	con la más que linpia Ynés.
Juan.	¿Con qué achaque hablarla puedo? 950
Tomé.	Yo llego a quitarte el miedo.
	Después de bessar tus pies,
	dize don Juan, mi señor,
	que de darte el parabien
	le des liçençia, que allí, 955
	con la cara que le ves
	de lenguado en oraçión,
	te quiere hablar.
Blanca.	¿Para qué?
Tomé.	¿Para qué? ¡Bálgame Dios!
	¡Qué rigorazos!
Blanca.	Tomé, 960
	ya está casado don Juan,
	y yo me cassé tanbién.
Tomé.	¿Cassado? Es ongo, no ay más.

---

947. B, de don Félix fui.   957. A, delenguado.

	Si jugando al axedréz	
	sólo el mudar vna pieza	965
	piensa dos oras o tres	
	vn jugador, quien se cassa,	
	¿cómo no lo piensa? ¿He?	
Blanca.	Gran socarrón vienes oy.	
Tomé.	Dixo vn alfaquí de Argel	970
	que libros y cassamientos	
	se han de pensar años diez,	
	y que, después de pensado	
	muchas vezes y mui bien,	
	el libro se ha de borrar	975
	y el casamiento no hazer.	
	Virgilio tardó tres años	
	solamente en componer	
	la[s] Bucólica[s], que son	
	Eglogas o siete o syes;	980
	en la[s] Geórgica[s], ocho;	
	onze en la Eneyda, y se fue	*Folio 17*
	a Greçia, porque los sabios	
	le diessen su parezer.	
	Y siendo el cassarse cosa	985
	tan difíçil, ¿ay muger	
	que sólo pregunta: "¿Es onbre?"	
	y luego çierra con él?	
	Pues libros, ¡Dios lo remedie	
	por su ynfinito poder!	990
	Pues versos, ¡lengua, detente,	
	bueno está, quédate en pues!	
	Dirás que el prólogo es neçio,	
	pues todo artifiçio es.	
	El Rey, que Dios tiene, Blanca,	995
	gran padre de n[uest]ro Rey,	
	turbaba con su presençia	
	a quien hablaba con él;	
	y por que no se turbase,	

---

966. A, otras.   989. A, remedia.

	en viendo al ombre querer	1000
	llegar, la espalda bolbía	
	por que le pudiese ver.	
	Cobrábase el onbre entanto	
	que daua la buelta él,	
	que, viéndole poco a poco,	1005
	perdía el miedo, y después	
	le hablaua menos turbado.	
	Lo mismo he querido hazer.	
	Los dos estáys enojados,	
	turbados con el desdén,	1010
	con el amor encojidos,	
	y por eso es menester	
	que os miréys primero vn rato	
	porque después os habléys.	
	¿Qué te pareze? ¿No es esto	1015
	lo que os ynporta?	
BLANCA.	No sé.	
TOMÉ.	¡Ea, leona!	
YNÉS.	¡Bien dize	
	Tomé, señora. ¿No ves	
	la lástima de aquel onbre?	
TOMÉ.	Señora, duélete dél,	1020
	que pareze galgo enfermo	
	o espeçiero mercader,	
	que por su tienda en la plaza	
	hechó la villa el cordel.	
BLANCA.	Demonios, ¡dexadme aquí!	1025
TOMÉ.	¡Madona!	
BLANCA.	No le hablaré;	
	si pensase ...	
TOMÉ.	¿Qué le digo?	
[BLANCA].	¿Por qué no negoçia él,	
	es niño enbuelto?	
JUAN.	¿Yo? ¡Bueno!	
	En eso pienso.	

1017-1019. Ac.N. and B have Tomé speaking these lines.   1028-1029.
A, B, C, have Tomé speaking these lines.   1029. Ac.N., B, el niño.

Tomé.	¡O, qué bien!	1030

  ¿Piensa que se la han de dar
  por sus ojos a comer
  con vna cuchar de alcorza?
  Lleg[u]e luego a que le den
  perdón de sus desatinos; 1035
  confiese que es moscatel,
  y dígale dos dulçuras.
Juan. ¿Dos? ¿Cómo?
Tomé.   Açúcar y miel.
Ynés. Puestos están frente a frente.
Tomé. ¡Cierra España!
Blanca.   ¡Ay, Dios, mi bien! 1040
  ¿Quién ha de dexar de hablarte?
Juan. ¡Ay, Blanca!   *Folio 18*
Tomé.   "No le hablaré;
  si pensase ..."
Blanca.   ¿Por qué dizes
  que es Teodora tu muger?
Juan. Porque tú lo eres de Felis. 1045
Blanca. No fue amor, venganza fue.
Ynés. Señora, tu padre llama,
  y si aquí te açierta a ver ...
Blanca. Vete a la Cassa del Canpo,
  mis ojos.
Juan.   Siguiendo iré 1050
  los tuyos.
Tomé.   Si hauían de hablarse,
  ¿para qué son neçios? ¿He?

        Fin del p[rimer]o Acto
        de lo que pasa en vna
              tarde.

              (*Rúbrica*)

1031. Ac.N., B, se lo han.   1040-1042. Ac.N. has Blanca and Juan
speaking these lines aside.   1047. A, Dentro, tu padre.

2º

Acto de lo que passa
en vna tarde.

(Rúbrica)

A, Sº Acto. Ac.N. and B omit this page.

PERSONAS DEL 2º ACTO   *Unnumbered Folio*

        Marzelo.
        León.
        Gerardo.
        Blanca.
        Don Juan.
        Tomé.
        Teodora.
        Ynés.
        Don Felis.

(Rúbrica)

A, Sº Acto.

ACTO 2º   *Unnumbered Folio*

Marzelo y León.

MARZELO. Esta es, León la casa que se llama
          del Campo en esta villa, justamente
          digna del nombre que le da la fama.   1055
          Truxéronle de Ytalia aquella fuente,
          cuya escultura a Praxiteles diera
          embidia justa en esta edad presente.
          Sale deste jardín la primabera
          para llebar a Aranjuez las flores   1060
          con que esmalta del Tajo la ribera.
          Aquí, como en la tabla los pintores,
          para labrar allá los quadros bellos,
          pareze que preuiene las colores.
LEÓN.   Bien muestran los jardines que ay en ellos   1065
          verde deydad que anima aquestas plantas:
          tan hermoso cristal pasa por ellos.
MARZELO. Hallo añadido entre bellezas tantas
          este retrato, en bronze, de Philipo,
          de cuya vista con razón te espantas.   1070
          Yazen aquí los jaspes de Lisipo,
          figuras de Alexandro, conoçiendo
          que en arte y en balor los antiçipo.
          ¿No pareze, León, que está diçiendo:
          "Yo soy nieto de Carlos soberano",   1075
          y que le están los bárbaros temiendo?

1064. Ac.N., B, los colores.   1066. A, planta.   1069. A, Felipe.
1071. Ac.N., B, y hacen.   1073. A, anticipe.

    ¿No pareze que atado el africano
    y el rey del Assia adoran tanto inperio
    en el bastón de la derecha mano?
     ¿No pareze que a justo cautiberio,   1080
    lo que falta del mundo reduçido,
    muestran sus armas y su fee el misterio?
LEÓN.   De açero he visto y de balor vestido
    al español troyano, a Marte armado,
    por el diamante cortador temido;   1085
    pero ninguno a su balor sagrado
    ygual en la hermosura y la presençia,
    digno de ser temido y adorado.
MARZELO. Dízenme que el gran duque de Florençia
    fue el dueño desta máquina sublime,   1090
    de las de Roma insigne conpetençia.
LEÓN.   ¡Qué tanto el arte vn bronçe elado anime!
MARZELO. Pareze que, oprimido el gran caballo
    entre el bocado y las espumas, gime.
LEÓN.   No pienso que ha tenido el Rey basallo   1095
    que le ame como tú.
MARZELO.   Si yo pudiera
    tomar la pluma..., pero adoro y callo.
     Pintaua el Mudo entre la enbidia fiera
    de aquella edad; murióse el Mudo, y muerto...
LEÓN.   No digas más; llegó tu primauera.   1100
MARZELO. Y yo lleg[u]é de mi esperanza al puerto.

    ✠ *Entren Blanca, Teodora y Ynés.*

TEODORA. No se puede encarezer
    deste jardín la belleza.
BLANCA.   En ellos naturaleza   *Folio 2*
    mostró el arte y el poder.   1105
YNÉS.   Ya estaua Marzelo aquí.
BLANCA.   Mucho, Teodora, merezes,
    pero poco le agradezes
    que no descanse por tí.

1084. B, Trajano.

	Aquesta tarde llegó,	1110
	y sin desnudarse viene,	
	como ves.	
TEODORA.	Marzelo tiene,	
	Blanca, el mismo amor que yo,	
	porque si él me quiere a mí,	
	yo quiero bien a don Juan.	1115
BLANCA.	Lexos tus yntentos van	
	de lo que has de hazer por mí.	
TEODORA.	Por ty ¿qué puedo yo hazer?	
BLANCA.	Querer a Marzelo.	
TEODORA.	Mira	
	que pensaré que es mentira.	1120
BLANCA.	Yo soy de Felis muger;	
	no ay que dudar de que pueda	
	dexar de ser; ya está hecho.	
	Trato de rendir tu pecho;	
	con que paçifico queda	1125
	todo el enojo, Teodora,	
	de don Juan y de Marzelo,	
	que es mi hermano, y del reçelo,	
	que, como ha venido agora	
	de la guerra, no se pierda	1130
	con don Juan; háblale, pues,	
	porque esperanza le des;	
	no seas bárbara, sé cuerda.	
	Llégate aquí, mentecato.	
MARZELO.	Con tanto reçelo estoy	1135
	de tu offensa, que no doy	
	paso que no sea retrato	
	del que lleban a morir.	
TEODORA.	Marzelo, si tú vinieras	
	a t[iem]po, en mí conoçieras	1140
	que te desseo seruir.	
	Yo estoy casada. ¿Qué quieres?	
MARZELO.	¿Qué dizes?	

1128. B, dél.

Teodora.	Lo que has oýdo.	
Marzelo.	¿No sabes que te he seruido?	
Teodora.	No pensamos las mugeres	1145
	que ay`fee en ausençia xamás.	
Marzelo.	Porque no sabéys tenella,	
	pero yo buelbo con ella.	
Teodora.	Marzelo, no puedo más.	
	No quieras con desengaños,	1150
	porque dizen que es de neçios.	
Marzelo.	Neçios quieren con despreçios	
	y discretos con engaños;	
	mas de que no gozarás	
	a don Juan, estoy mui çierto,	1155
	porque, antes de vn ora muerto,	
	Venus de Adonis serás.	
	Transfórmale en flor aquí,	
	que estos quadros regaré	
	con su sangre.	
Blanca.	Al fin se fue.	1160
Teodora.	Dios sabe que lo sentí,	
	pero ¿qué tengo de hazer	
	si estoy con don Juan cassada?	*Folio 3*
Blanca.	Çédulas no ynportan nada;	
	desseo, Teodora, ver	1165
	la que te ha dado don Juan.	
Teodora.	Vesla aquí.	
Blanca.	Leerla quiero.	

✠ *Lea Blanca.*

	"Yo, don Juan Luis de Bibero,	
	a Teodora de Luxán..."	
	Pensé, por Dios, que dixera	1170
	"salud y graçia, sepades..."	
Teodora.	Pues que no te persuades,	
	lee la çédula entera.	

1146. C, ausençias.   St. dir. after line 1159. Ac.N. and B, (Vase).

☩ *Lea.*

BLANCA.	"doy la palabra de ser	
	su esposso." Perdona, amiga,	1175
	que vn hermano a mucho obliga;	
	tú no has de ser su muger.	

☩ *Métase la çédula en la boca y huya.*

TEODORA.	¿Qué hazes, Blanca? ¿Qué has echo?	
	¿La çédula comes? ¡Çielos!	
	Embidia es esto; pues, çelos,	1180
	sacalde el papel del pecho.	

☩ *Vaya tras ella, y salgan don Juan y Tomé.*

JUAN.	Nunca su verde librea	
	les dio setiembre mexor.	
TOMÉ.	Haz de manera, señor,	
	que aquí ninguno te vea.	1185
JUAN.	Es ynposible, Tomé,	
	en entrando en los jardines,	
	aunque esta selua ymagines	
	como la de Arcadia fue;	
	sólo te pido que yntentes	1190
	que pueda hablar a mi bien.	
TOMÉ.	¿Cómo quieres tú que den	
	lugar sus quadros y fuentes,	
	no hauiendo lugar distinto	
	donde la puedas hablar?	1195
JUAN.	Si fuera fáçil entrar	
	en el griego laberinto,	
	no hubiera dado a Teseo	
	tanta fama el ylo de oro.	
TOMÉ.	Aquí no ay humano toro,	1200
	ni tantos peligros veo,	

1200. Ac.N., B, hermano.

	sino ymposibles, no más;	
	pero disfrazarme quiero,	
	fingiendo ser jardinero.	
JUAN.	Pues aquí, ¿cómo podrás?	1205
TOMÉ.	Pidiéndole algún vestido	

        a un hombre que viue aquí,
        que en la villa conoçí.
        Y hauiendo con él fingido
           que soy de los jardineros,   1210
        pues no lo han de echar de ver,
        tú te puedes esconder
        en esos olmos primeros;
           que tengo de poder poco
        o a Blanca te he de llebar   1215
        donde la puedas hablar.

JUAN.   Mira, Tomé, que eres loco;
           no hagas alguna cosa
        que pesadumbre nos cueste.

TOMÉ.   Déxame a mí.

✠ *Váyase.*

JUAN.   T[iem]po es éste,   1220
        ¡ay, fortuna rigurosa!,
           para darme tu fabor.
        ¡Amor, duélete de mí!   *Folio 4*
        ¡Si onrré tus aras, si di
        víctima a tu tenplo, amor!   1225
           ¡Ay, fuentes! Si habéys amado
        como de Aretusa escriben
        en Sicilia, si en vos viben
        flores deste verde prado,
           por almas vegetatiuas   1230
        transformados amadores,
        ayudad, fuentes y flores,
        congoxas de amor tan viuas,

1207. Ac.N., B, viene.

    que poco fabor me dan...
    Gerardo y Felis vinieron;   1235
    ya no ay huir; ya me vieron.

    ✠ *Gerardo y don Felis.*

GERARDO. ¿Por acá, señor don Juan?
     Guélgome de que tenemos
    aquí v[uest]ra compañía.
JUAN.   Dixéronme que venía   1240
    el señor Conde de Lemos
     de las fiestas de Castilla,
    y quísele reçiuir;
    mas no debe de venir,
    y así el bosque y verde orilla   1245
     de Manzanares dexé
    y entré a ver estos jardines.
GERARDO. Como de marzo en los fines,
    pone su florido pie
    abril por setienbre en ellos.   1250
JUAN.   La obligaçión que tenía,
    aunque cansado venía,
    me truxo esta tarde a vellos.
GERARDO. ¿Cómo las fiestas han sido?
JUAN.   Como el dueño, que en grandeza, 1255
    obstentaçión y riqueza
    mostrar, Gerardo, ha querido
    su piedad y religión.
GERARDO. Fiestas tan bien empleadas
    merezen ser çelebradas   1260
    de algún insigne varón.
JUAN.   No pocos toman las plumas.
FELIS.   Vna noche me alabaron,
    que dizen que la ymitaron
    con inumerables sumas   1265
     de artifiçios y animales.
JUAN.   La comedia que escriuió

1266. Ac.N., artificios de animales.

el Conde os alabo yo,
porque no le son yguales
   las de Plauto y de Terençio,   1270
en los que saben el arte.
Pero quiero en esta parte
passar su estudio en silençio,
   no digan que es afiçión
de aquel fenis peregrino.   1275

GERARDO. Dizen que Platón diuino
hizo tragedias.

JUAN.   Platón
escriuió en su mozedad
tragedias, que es grande onor
de quien las haze.

FELIS.   El balor,   1280
que tubo en la antigua edad,
   tiene agora en la presente.

GERARDO. Bárbara vn t[iem]po yazía
en España la poessía;
ya está en lugar eminente.   1285

FELIS. Poetas latinos tubo
insignes, no castellanos.

JUAN. Sin versos ytalianos
muchos siglos se entretubo   *Folio 5*
   con sus coplas naturales.   1290

GERARDO. El segundo rey don Juan
las escriuió, que oy nos dan
de su estimaçión señales.

FELIS. En loor del Petrarca vi
versos con mucha elegançia   1295
de Françisco, rey de França.

JUAN. Querría ymitar ansí
   al Çésar Otauiano,
que en alabanza escriuió
de Virgilio.

GERARDO.   El çelebró   1300
vn yngenio soberano.
   Mucho me han encarezido
al galán Saldaña.

JUAN.	Hablar	
	en el Conde es dar al mar	
	agua y luz al sol.	
GERARDO.	Yo he sido	1305
	de parezer que el callar	
	es la mayor alabanza,	
	pues, donde ninguna alcanza,	
	¿qué sirbe escriuir ni hablar?	
JUAN.	Yo voy con v[uest]ra lizenzia	1310
	a buscar vn criado mío,	
	que dexé orilla del río	
	para cierta diligencia,	
	y bolberé a veros luego.	
GERARDO.	Mucha merzed nos haréys.	1315
JUAN.	Arboles, si oy me escondéys,	
	sin ser latino, ni griego,	
	os haré dos epigramas	
	en la lengua en que naçí,	
	que aunque latín aprendí,	1320
	no están v[uest]ras verdas ramas	
	en Roma, sino en Castilla.	

☩ *Váyase don Juan.*

Entren Blanca y Teodora.

TEODORA.	¿Con quién hubieras vsado	
	término de tanto enfado?	
BLANCA.	El tuyo me marauilla.	1325
	Dióme por herm[an]o el çielo	
	a Marzelo.	
TEODORA.	No te dan	
	las enuidias de don Juan	
	menos causas que Marzelo;	
	la çédula te comiste	1330
	por estoruar que me case,	

1308. Ac.N., B, ninguno.   St. dir. after line 1322. Ac.N. omits Juan's departure.   1330. A, le comiste.

                    como si en papel topase
                    lo que en voluntad consiste.
                        No me pesa lo que has echo,
                    porque su firma perdí,   1335
                    mas pésame porque ansí
                    quede su nombre en tu pecho.
BLANCA.   Pues ¿qué me ha de hazer su nonbre?
TEODORA.   ¡Oxalá fuera veneno!
GERARDO.   Es de mil virtudes lleno,   1340
                    mui galán, mui gentilonbre
                    y mui bienquisto don Juan.
FELIS.   Haçelde n[uest]ro padrino.
GERARDO.   Que será justo ymagino.
FELIS.   En estos quadros están   1345
                    Blanca, mi esposa, y Teodora.
GERARDO.   Hija, ...
BLANCA.   ¿Señor?
GERARDO.   ¿Qué os pareze
            este jardín?
BLANCA.   Que floreze
            con mayor cuidado agora
                la segunda primauera   1350
            estos quadros, donde el arte
            no es sin razón, que ygual parte   *Folio 6*
            con naturaleza quiera.
FELIS.   ¡Qué mucho que estén floridos,
            siendo de esos pies pisados!   1355
GERARDO.   Requiebros tan desposados
            bien merezen ser oýdos.
                Quisiera estar en edad,
            señora Teodora, aquí
            que os entretubiera ansí.   1360
            Corre el t[iem]po, perdonad,
                pues yo os juro que algún día
            fui tan galán.
TEODORA.   ¿Por qué no?
GERARDO.   Cossas os contara yo
            de requiebros que tenía,   1365

	que os dexarán admirada;	
	pues cuchilladas sobre ellos	
	es cosa...	
TEODORA.	Sienpre por ellos	
	dexa la vayna la espada,	
	y el escritorio el dinero.	1370
GERARDO.	Era yo terrible mozo;	
	aun de contarlo me gozo.	
TEODORA.	Cuchillo de buen azero	
	sienpre con algo se queda.	
GERARDO.	¡Qué mal se puede estimar	1375
	quando no llega a cortar	
	por más que yntentarlo pueda!	
TEODORA.	Graçias tenéys cortesanas.	
GERARDO.	¿Graçias yo? Reýos deso;	
	las desgraçias os confieso,	1380
	porque no ay graçias con canas.	
	Pintaua la antigua edad	
	muchachas a las tres graçias.	

✠ *Entre Tomé en háuito de jardinero.*

TOMÉ.	(Temiendo voy mil desgracias.	
	Atreuidos pies, llegad.)	1385
	¿No viene a ver las fuentas	
	vuesas merzedes?	
GERARDO.	¿Soys vos	
	quien las enseña?	
TOMÉ.	(Los dos	
	tenemos que hablar.)	
BLANCA.	(No yntentes	
	algún desatino aquí.	1390
	Habla a Teodora primero.)	
TOMÉ.	(Hablar a Teodora quiero.)	
	¿Conozes a Tomé?	
TEODORA.	Sí.	

1384-1385. A does not have Tomé speaking these lines aside.

Tomé.	Mi señor te quiere hablar.	
	Haz por yrte a esos jazmines,	1395
	que anda por estos jardines	
	Marzelo.	
Teodora.	Yré si ay lugar,	
	que tengo que le deçir	
	de Blanca ynfinitas cosas.	
Tomé.	Serán pasiones çelosas.	1400
	Della te puedes reýr;	
	yo sé que don Juan te adora.	
Teodora.	La çédula me tomó	
	y luego se la comió.	
Tomé.	¿Comió?	
Teodora.	Comió.	
Tomé.	¿Agora?	
Teodora.	Agora.	1405
Tomé.	¿Ay mayor vellaquería?	
	A reñirla voy, espera.	
	¡Viue Dios! Si no estubiera...	
Blanca.	¿Ya te has echo doble espía?	
Tomé.	Va por aqueste arcaduz *Folio 7*	1410
	el agua. Dime, ¿el papel	
	te comiste?	
Blanca.	Estaua en él	
	don Juan.	
Tomé.	¡O amante Abestruz!	
	Çien duraznos se comió	
	Albino, y quinientos ygos;	1415
	Domiçio entre sus amigos	
	de çenar tanto murió.	
	Comióse Milón vn toro,	
	vn venado Astidamante,	
	Hércules vn elefante,	1420
	y a su muger Polinoro.	
	Y yo vi vn ydalgo vn día	
	que de hambre, o con passión,	

1404. A, esta comió.   1408. A, sino.   1412. A, le comiste.   1423. Ac.N., B, compasión.

                    se comió la guarniçión
                    de vn bohemio que tenía.   1425
                       Allá fingen los poetas
                    que Erisistón se comió
                    assí mismo, y pienso yo
                    que ay mil personas sujetas
                       a comerse con enuidia;   1430
                    ¡qué triste soliçitud!
                    tanto la agena virtud
                    los desatina y fastidia
                       su misma sangre, y perdido
                    el ser que el çielo les dió.   1435
                    Pero papel, no sé yo
                    quál honbre lo aya comido.
                       Aunque no sé dónde, ohí
                    que çierta muger preñada,
                    con que quedó disculpada,   1440
                    si pasó la historia ansí,
                       mordió a un frayle del pesquezo.
                    Pero esto dexando aparte,
                    mi señor yntenta hablarte.
BLANCA.   Disimula.
TOMÉ.   Ya bostezo.   1445
                       Entre esos olmos está.
BLANCA.   No puedo yr.
TOMÉ.   ¿Cómo no?
                    Ya tengo traçado yo
                    de la suerte que será.
                       La sala del agua es   1450
                    vn engaño, que del suelo,
                    a quien entra sin reçelo,
                    le arroja desde los pies
                       tantas fuentes haçia [a]rriba,
                    que todo en agua le baña.   1455
                    Tú, en esta sala que engaña,
                    jugando el agua lasçiua,

St. dir. after line 1442. B indicates that Blanca and Tomé speak these lines aside.   1449. A, la suerte será.

	dirás que así te has mojado,	
	que te es fuerza descalzarte;	
	claro está que han de dexarte	1460
	algún lugar apartado.	
	Este los olmos será	
	donde don Juan, escondido,	
	te hablará.	
BLANCA.	Ya lo he entendido.	
TOMÉ.	Pues en los de enfrente está.	1465
	¡Donosa vellaquería!	
	¡Comerse el papel! Por ti	
	la he reñido.	
TEODORA.	Escucha.	
TOMÉ.	Di.	
TEODORA.	¿Cómo posible sería	
	hablar a don Juan?	
TOMÉ.	En viendo	1470
	que Blanca se aparta, yrás	
	donde oculto le hallarás,	
	que está esperando y muriendo.	
TEODORA.	¿En qué parte?	
TOMÉ.	¿No te digo	
	que en los jardines está?	1475
TEODORA.	Si se va, yo voy allá.	

[*Váyase Teodora.*]

GERARDO.	¿Soys de aquesta casa, amigo?	*Folio 8*
TOMÉ.	Soy, como ve, jardinero.	
GERARDO.	Enseñadnos estas fuentes.	
TOMÉ.	Las llabes de sus corrientes	1480
	tengo, y mostrárselas quiero.	
	Entren en aquesta sala,	
	verán vna fuente en medio.	

1467. A and B indicate that Tomé speaks this line and his part of the next to Teodora.   B has Tomé and Teodora speaking their subsequent lines aside.   1481. A, mostrarselos.

Gerardo.	Vamos, Felis.	
Felis.	Mi remedio	
	con mi dulçe amor se yguala.	1485
Tomé.	Yo quedo a abrir. Ojo alerta,	
	y a los olmos. Bien se ha hecho.	

✠ *Tomé se queda y entra Marzelo.*

Marzelo.	(¿Para qué days sin probecho	
	passos, esperanza muerta?)	
	¿Habéys visto, jardinero,	1490
	vnas damas por aquí?	
Tomé.	Marzelo ...	
Marzelo.	Tomé, ¿tú ansí?	
Tomé.	Es tu amigo verdadero	
	don Juan, y me ha disfraçado	
	para que engañe a Teodora,	1495
	que ella piensa hablarle agora	
	como queda conçertado.	
	Ponte en aquellos jazmines,	
	y, quando te lleg[u]e hablar,	
	la podrás desengañar	1500
	de quán diferentes fines	
	tiene don Juan en casarse,	
	y que de Blanca ha de ser;	
	que no se canse en querer	
	abenturarse a matarse.	1505
	La çédula le comió	
	Blanca; ya no ay qué cunplir.	
	Tú se lo sabrás deçir,	
	Marzelo, mexor que yo.	
	Voy, que me aguarda don Juan	1510
	donde está el dios de las aguas.	
Marzelo.	Notables enrredos fraguas.	
	¡O, tú, amoroso arrayán,	

1488-1489. A does not have Marzelo speaking these lines aside. 1499. C, quendo (corrected in *erratas*). 1505. Ac.N., en matarse. 1508. A, solo.

árbol de Venus sagrado,
dame fabor! ¡Bellas flores, 1515
si no embidiáys las colores
de aquel mi sujeto amado,
  ayudadme, pues naçió
amor entre los jardines
de Chipre! ¡Blancos jazmines, 1520
mi casta fee mereçió,
  dirigida a casamiento,
v[uest]ro fabor!

☩ *Entre Teodora.*

TEODORA.   Mi don Juan!
MARZELO. ¡Assí tus engaños dan,
Teodora, vozes al viento! 1525
  ¿A quién llamas? ¿A quién nonbras
tuyo, pues no lo ha de ser?
TEODORA. Al campo suelen hazer
los árboles dulçes sombras,
  pero no sonbras de aquellas 1530
que asombran y dan temor.
MARZELO. Vn mal reçiuido amor
sombra puede ser con ellas;
  con razón tu desconçierto
ya como sombra me trata, 1535
que mi amor, Teodora yngrata,
ya es sombra de vn onbre muerto.
  Terrible estás contra mí, *Folio 9*
sabiendo que está casado
don Juan.
TEODORA.   Si Blanca le ha dado 1540
oy a don Felis el sí,
  ¿con quién se casa don Juan?
MARZELO. ¿Qué ynporta el sí? ¿Tú no sabes
que los sentidos, las llabes
de su voluntad le dan 1545

1516. A, sino.

sienpre al amor, y que puede
el sí, que vn engaño abrió,
çerrar con vn fuerte no
para que ynposible quede?
 Buelve a mirar que vn engaño   1550
suele atreberse al onor,
y que es terrible rigor
amar contra el desengaño.
 Si el agrabio a la mudanza
obliga, tu onor se duerme;   1555
no me quieras por quererme,
sino por tomar venganza.

TEODORA. Yo la tomaré de mí,
si es que don Juan me engañó.

MARZELO. Crehe que te quiero yo   1560
quanto él se oluida de ti.

TEODORA. Marzelo, vn onbre que sabe
que vna muger quiere bien
y pasa por el desdén
sin que el amor se le acabe,   1565
 no es bueno para marido;
que si la muger es cuerda,
verá que, si se le acuerda,
o no creherá que es querido,
 o andará sienpre çeloso,   1570
o querrá tomar venganza.
Yo he de seguir mi esperanza,
o viuas, o no, quexoso,
 y no te pessen mis daños,
ni desengaños me digas,   1575
pues tú quieres y te obligas
con mayores desengaños.

    ✠ *Váyase.*

MARZELO. Seguiré las estanpas, aspid fiero,
de tu niebe veloz, para que quedes

1553. Ac.N., B, amor.

laurel aquí, pues al de Apolo exçedes, 1580
de cuyos brazos coronarme espero.
 Péssame que este sitio lisongero
te muestre, porque bueles quanto puedes,
con arena sutil, verdes paredes
y sendas linpias a tu pie ligero. 1585
 Mas no serás laurel, por no darme
aquel onor que la virtud procura;
si quiero de tus brazos coronarme,
 ni puedo yo. ¿Tendré yo tanta ventura,
pues antes, por hüir y por dexarme 1590
te querrás conuertir en fuente pura?

☩ *Váyase, y salgan Gerardo, Blanca, don Felis y Ynés.*

GERARDO. Pesada burlada, aunque ha sido
 del agua.
BLANCA. Perdida estoy.
FELIS. Ninguna culpa le doy,
 si para en sólo el vestido. 1595
BLANCA. Çierto que entré con reçelo; *Folio 10*
 el descalzarme es forzoso.
FELIS. Del agua estoy enbydioso.
BLANCA. Para estos olmos apelo,
 que he de trocar con Ynés 1600
 hasta el faldellín.
GERARDO. Pues bamos
 donde nos entretengamos,
 mientras se enxuga los pies.
FELIS. No ay cosa de que vn amante
 no haga misterios.

☩ *Váyanse Gerardo y Felis.*

YNÉS. Ya estás 1605
 sola.

1586. Ac.N., B, para no darme.   1589. Ac.N., B, Ni puedo yo tener tanta ventura.

BLANCA.	¿Podré hablar?
YNÉS.	Podrás, que están mil olmos delante.

✠ *Salgan don Juan y Tomé.*

TOMÉ.	Aquí está.	
JUAN.	¡Señora mía!	
BLANCA.	¡Mi bien!	
TOMÉ.	¡Ynés de mis ojos!	
YNÉS.	¡Tomé!	
JUAN.	¡O, si fueran montañas,	1610
	hermosa Blanca, estos olmos,	
	tan ásperos de subir	
	que los más ligeros corzos	
	no hallaran sendas, ni el sol	
	entrada a sus valles!	
BLANCA.	¿Cómo	1615
	haremos, mi bien, que tenga	
	este casamiento estorbo?	
	¡Mal ayan amén, los çelos!	
JUAN.	Nunca fueron probechosos.	
	¿Esta noche se han de hazer	1620
	tus escrituras?	
BLANCA.	Yo pongo	
	mi esperanza en tu remedio.	
JUAN.	Blanca, bolberéme loco	
	si el casarte llega a effeto;	
	y veo el plazo tan corto,	1625
	que no puedo hallar yndustria,	
	estilo, trazo, ni modo	
	cómo dilatarse pueda.	
TOMÉ.	¿Y qué hemos de hazer nosotros,	
	señora Ynés, si se cassa	1630
	Blanca? Porque aqueste tonto	
	dize que se ha de morir,	
	y es caso mui trabaxoso	

1618. A, Malaya.

	quedar[se] biudo de amo		
	a boca de ynuierno.		
Ynés.	En todo		1635
	pondrá amor, Tomé, remedio.		
Tomé.	Si fuera en el t[iem]po hermoso		
	que colorean las guindas		
	y andan alegres los tordos,		
	pudiera estar desamado;		1640
	pero en t[iem]po de agua y lodo ...		
Ynés.	No tienes razón, que el sol,		
	de las nieblas vitorioso		
	días de pícaros haze.		
	No hay pared sin siete u ocho,		1645
	quitándose la familia		
	superflua del lienzo roto.		
Tomé.	Pienso que te has visto en ello,		
	según lo cuentas.		
Blanca.	Mi esposo,		
	don Juan.		
Juan.	Yo me escondo aquí.		1650
Tomé.	Venite, Ynés, que me escondo.		

✠ *Don Felis.*

Felis.	Perdonad mi atreuimiento,		
	aunque os parezca enojoso,		
	que amor está disculpado		
	como de yerros de antojos.		1655
Blanca.	De los yerros del amor		
	ay disculpa entre onbres doctos,		
	no de antojos, porque son		
	para caballos briosos.		
	Suplíco[o]s que me dexéys.	*Folio 11*	1660
Felis.	Mi señora, ¿tanto enojo?		
	¿No sabéys vos que el amor		
	es de su bien codiçioso?		

1649. A, según lamentas.

BLANCA.	N[uest]ro juego no ha llegado	
	a estado tan amoroso	1665
	que queráys ver la figura	
	por los pies. No seáys tan tosco,	
	ni grosero; yd en buen ora.	
FELIS.	Yo me voy tan vergonzoso,	
	quanto corrido de daros	1670
	causa a un nonbre tan odioso.	

✠ *Váyase.*

✠ *Tomé y don Juan.*

[BLANCA.]	Bien puedes salir, mi bien.	
TOMÉ.	Dexo la espada; entre otro.	
JUAN.	Entraré a tomar la espada	
	perdido, neçio, çeloso,	1675
	picado, abrasado, muerto.	
TOMÉ.	Cozido, asado en el orno,	
	gigote, enpanado.	
JUAN.	¡Ay, Blanca!	
	perdona si el ylo rompo	
	a n[uestr]ro gusto.	
BLANCA.	¿Qué tienes?	1680
	Ves el enojo que tomo,	
	las palabras que le digo,	
	¿y estás sin causa quexoso?	
	¿Llaméle yo? ¿Qué querías	
	que hiziesse?	
JUAN.	¡Ay, hermoso monstro	1685
	de hermosura y de mudanza!	
	¿paréçete a ti que es poco	
	que vna vanda verde mía	
	que te di, de que me corro,	
	Felis, por tussón de amor,	1690
	al campo trayga en los ombros?	

St. dir. after line 1671. A does not indicate Tomé and Juan's entrance.
1689, A, corra.

Blanca.	¿Agora miras en eso?	
Juan.	Desde este punto propongo	
	no darte prenda en mi vida.	
	Por mexor partido escojo	1695
	no verte para no ver	
	desengaños tan notorios.	
	¡Mi vanda a Felis!	
Blanca.	¡Qué bien!	
	¡Dasle tú çédulas, loco,	
	a Teodora de marido,	1700
	que yo celosa me como	
	por matarme con veneno!	
	¿Y reparas en que adorno	
	de tu vanda verde el cuello,	
	que fue como capa al toro,	1705
	de vn marido que aborrezco,	
	y que por ti desconpongo	
	mi balor con su ynoçençia?	
	La culpa tengo de todo	
	por no estar cassada ya.	1710
Juan.	De tu libertad me asonbro.	
	¿Yo tengo, Blanca, la culpa?	
	El hablarme ha sido estorbo	
	del cassamiento que hazía;	
	esto pretendiste sólo.	1715
	Ya que a Teodora me quitas	
	y con término engañoso	
	la das a Marzelo, has echo,	
	perdona que así le nonbro,	
	este enrredo.	
Blanca.	¿Enrredos yo,	1720
	quando por ti me dispongo	
	a perder padre y hermanos? *Folio 12*	
	No más; oy se acaba todo.	
	No me verás en tu vida.	

✠ *Váyase Blanca.*

Juan.	¡Mi bien, mi bien! ¡Que te adoro!	1725
	¿Yo a Teodora? Escucha, mira,	
	espera, advierte, mis ojos.	

✠ *Váyase don Juan.*

Tomé.	¿Dónde aquestos locos van?	
Ynés.	No sé; pero si quisiera	
	Venus, tenpestad hubiera.	1730
Tomé.	Bien le estubiera a don Juan;	
	¿pero tú no te has moxado	
	con tantas fuentes, Ynés?	
Ynés.	Dexa a poetas los pies.	
Tomé.	Pienso que se a transformado	1735
	algún Júpiter en agua,	
	como antiguamente en fuego	
	que de Amor de Eçina çiego	
	tales pensamientos fragua.	
Ynés.	¿En fuego se transformó?	1740
Tomé.	Sí, Ynés, que en ynbierno era	
	la ninfa. ¿Quién tal creyera?	
	Entre los pies la metió	
	el ladrón sutil, Ynés;	
	no despreçió la ocasión,	1745
	y ésta es, Ynés, la razón	
	de las rexuelas que ves;	
	porque piensan las mugeres	
	que [en] fuego se ha de tornar	
	Júpiter para yntentar	1750
	matrimoniales plazeres.	
	Pero él las piernas les yere	
	y en ellas, con mil desdenes,	
	les pone vnas oes y enes	
	en que dize que no quiere.	1755
Ynés.	Elemento más piadoso	
	es el agua.	

1738. Ac.N., B, Egina.   1743. A, Ac.N., B, C, le metió.   1744. A, Cadrón.   1749. Lope wrote *el fuego*.

Tomé.	Yo ymagino	
	que, pues ella venze al vino,	
	es mucho más riguroso.	
Ynés.	Venze el agua, si se junta	1760
	al vino, por henbra.	
Tomé.	¡Bien!	
	Y que es problema tanbién,	
	que es lo mismo que pregunta.	
Ynés.	No puedo dexar de yr	
	a saber de mi señora.	1765
	Si serán las çinco agora.	
Tomé.	Vn relox puedes fingir	
	en las oras del amor,	
	pues ay letras y saeta.	

✠ *Váyase [Ynés].*

✠ *Don Juan entre.*

Juan.	Mal puede durar secreta	1770
	la voluntad de vn traydor.	
	¡Ay, Tomé, que no era en vano	
	mi sospecha!	
Tomé.	¿Qué tenemos?	
	Este amor todo es estremos:	
	o es inuierno, o es verano.	1775
	¿Hate buelto la quartana?	
Juan.	Sí, pero dióme sin frío.	
	¡O! ¡Cómo fue desbarío	
	poner mi esperanza vana	
	en Blanca, que solamente	1780
	pretendió dar a Teodora	
	a su hermano, pues agora,	
	si no lo dize, lo siente!	
	Mi vanda verde le ha dado	
	a don Felis.	
Tomé.	¡Viue el çielo!	1785

1783. A, sino.

	TEXT	107

      que por cassar a Marzelo   *Folio 13*
      sospecho que te ha engañado.
        Pero ¿cómo puede ser,
      que la he visto yo llorar
      por ti?

JUAN.   Yerras en pensar   1790
      que lágrimas de muger
        nazen más que por antojos,
      y es más llano que la palma
      que, sin que lo sepa el alma,
      suelen llorarlas los ojos.   1795

TOMÉ.   ¡Qué açoticos diera yo
      a vna muger que llorara
      sin causa!

JUAN.   Tomé, repara
      en que el çielo las crió
        con vna blandura tal,   1800
      que como criaturas son.

TOMÉ.   Caygo en que tienes razón,
      que es deffeto natural.
        A un onbre llamaba "tayta"
      vna muger echizera,   1805
      y en riñendo, ¡guarda afuera!
      sonaua más que vna gayta.
        Hable de niña vna altiua
      moza, a quien la edad abona;
      pero la que es sesentona   1810
      ¿por qué ha de deçir "cheriua"?
        Contó por burla vn dotor
      que vna vieja visitaua,
      que de edad enferma estaua,
      que es la enfermedad mayor,   1815
        a unas mozas que allí hauía,
      que el rey hauía mandado
      que nadie tomase estado,
      porque al rey no conuenía,

1789. A, lo he visto.   1790. A, yerra.   1819. A, C, al reyno.

	con muger que no tubiesse	1820
	çinquenta años o sesenta.	
	Las mozas de a beynte y treynta	
	dixeron: "Gran yerro es ésse,	
	y el mundo se ha de acabar	
	y padezer el onor."	1825
	La vieja, a quien el dolor	
	apenas dexaua hablar,	
	incorporóse en la blanda	
	cama y, quitado el dolor,	
	les dijo: "Señor dotor,	1830
	hágase lo que el rey manda."	
JUAN.	Dexa, Tomé, nezedades	
	y cuentos fríos de viejas,	
	y dime, ¿qué me aconsejas	
	entre tantas nouedades?	1835
	¿Si se harán las escrituras	
	esta noche?	
TOMÉ.	Sí, se harán.	
	Mas de mi boto, don Juan,	
	si dar a Blanca procuras	
	en qué entender, y por dicha,	1840
	que te remedien los çielos,	
	dale çelos.	
JUAN.	Por los çelos	
	estoy en esta desdicha.	
TOMÉ.	Prosig[u]e; que tiene amor	
	más tretas que vn axedrez.	1845
JUAN.	Con el t[iem]po, alguna vez	
	descubre el daño ynterior,	
	mas término de vna tarde,	
	y que ya las çinco son,	
	o çerca, ¿por qué razón	1850
	quieres que remedio aguarde?	
TOMÉ.	Teodora viene, señor; *Folio 14*	
	toma mi consejo agora.	

1847. Ac.N., B, descubra.   St. dir. after line 1853. Ac.N. and B indicate Teodora's entrance.

Juan.	Mirad, hermosa Teodora,	
	lo que debéys a mi amor.	1855
	¿No os dixo que os esperaua	
	en los jardines Tomé?	
Teodora.	Sí, me dixo, y yo os busqué,	
	porque hablaros desseaua;	
	pero hallé a Marzelo allí,	1860
	que me dixo que cassado	
	estáys con Blanca.	
Juan.	Ha pensado	
	que habéys de quererle ansí.	
	Yo soy vuestro y lo he de ser;	
	sólo, por no ser yngrato	1865
	a Marzelo, con recato,	
	señora, os quiero querer	
	hasta llegar la ocasión	
	en que todo vuestro sea.	
Teodora.	No sé, don Juan, cómo os crea.	1870
Juan.	Tomando satisfaçión	
	de mi desseo y de mí	
	delante de Blanca luego;	
	sólo por Marzelo os ruego	
	que le entretengáys ansí.	1875
Teodora.	Haré lo que me mandáys.	
Tomé.	(¡Qué fáçil es de creer	
	la más prudente muger!)	

☩ *Marzelo entre.*

Marzelo.	¿Cómo, don Juan, aquí estáys?	
Juan.	¿Dónde mexor que tratando	1880
	de v[uest]ro amor con Teodora?	
	Deçilde, señora, agora,	
	que os estoy ymportunando,	
	que en esto sólo consiste	
	el no matarnos los dos.	1885

1877-1878. A does not indicate that Tomé is speaking these lines aside.

Teodora.	Rogándome está por vos;
	mas yo me siento tan triste,
	que le he pedido a Gerardo
	que nos bamos.
Marzelo.	Mi ventura

        viue ya tan mal segura,   1890
        que ningún remedio aguardo.
           No os vays tan presto por mí,
        que yo me yré, si os enfado;
        salid a ese verde prado
        si no estáys con gusto aquí,   1895
           que estas fuentes ...

Teodora.	No porfíes.
Marzelo.	Y estos quadros son bastantes,

        ellas con tiernos diamantes
        y ellos con falsos rubíes,
           a entretener algún rato   1900
        la tristeza a que te ynclina.
        Mira esta ymagen diuina,
        del gran Filipe retrato;
           mira este caballo ayroso
        como, lebantando el pie,   1905
        debaxo el mundo se ve,
        aunque sujeto, dichoso.
           No ay clabo de los que muestra
        la herradura, que en razón
        de ymperio no sea naçión   1910
        más sujeta que la nuestra.
           Esta bassa en que está puesto.   *Folio 15*
        de jaspe y mármol labrada,
        es el mundo que a su espada
        se rinde, aunque al suyo opuesto.   1915
           Haz quenta que trahen aquí
        los yndios el estimado
        hijo del sol, que ha llebado
        a tantas almas tras sí.

1903. Ac.N., Filipo.   1914. A, esse mundo.

	Mira del polo oriental	1920
	los diamantes, los olores	
	y de los mares mayores	
	perlas, ámbar y coral.	
TEODORA.	¿De qué sirbe entretenerme?	
MARZELO.	Pues yo voy a prebenir	1925
	en que luego os podáys yr	
	a matarme y a perderme.	

✠ *Váyase Marzelo.*

JUAN.	Notable merzed me has echo	
	en hazer que este soldado	
	quede, Teodora, engañado,	1930
	quiero deçir satisfecho;	
	que con esto trataremos	
	nuestras cosas sin enojos.	
TEODORA.	Si yo viesse con mis ojos	
	tu amor en tales estremos	1935
	como yo hiziera por ti,	
	ninguna muger viuiera	
	con más contento.	
JUAN.	Si fuera	
	falso aqueste amor en mí,	
	¿hauíame de atreber	1940
	a hablarte donde me viese	
	Blanca?	
TEODORA.	¡Ay, Dios, si verdad fuese!	

✠ *Blanca y Ynés.*

BLANCA.	No lo acabo de creher.	
YNÉS.	Pues veslos juntos aquí.	
BLANCA.	Ya me han visto y por matarme	1945
	se hablan y faborezen.	
YNÉS.	Bien presto puedes vengarte.	
BLANCA.	Llámame a Felis.	
YNÉS.	Yo voy,	

1947. C, pueden.

	que, puesto sobre la margen	
	de aquella fuente, sospecho	1950
	que ayudaua a sus cristales.	
JUAN.	Blanca nos ha visto ya.	
TEODORA.	Agora quiero que hables.	
JUAN.	Toma aquesta vanda mía,	
	y ¡oxalá fueran diamantes!	1955
TEODORA.	Y tú este verde listón.	
BLANCA.	(¡Çielos, o tenedme y dadme	
	paçiencia en tanto rigor!	
	¡Qué cosas los honbres hazen!	
	¿Quién dixera que don Juan,	1960
	con libertad semejante,	
	tratara mi obligaçión?	
	¡Mal rayo a todos los mate!	
	¡O, cómo tarda don Felis!)	
JUAN.	Y de nuebo buelbo a darte,	1965
	Teodora, palabra y fee.	
TEODORA.	Dexa, mi bien, que te abraze.	
BLANCA.	(¿Esto más? ¿Si llegare?	
	Pero no, que será darle	
	venganza, y será mexor	1970
	que yo me veng[u]e o me mate.) *Folio 16*	

✠ *Don Felis y Ynés.*

YNÉS.	Aquí mi señora espera.	
BLANCA.	¡Felis mío!	
FELIS.	Si el que sale	
	de las tinieblas apenas	
	puede ver los orientales	1975
	rayos del sol, yo que salgo	
	de tus desdenes mortales	
	a la luz con que me miras,	
	¿qué diré, ni haré que baste	
	a resistir tanta gloria?	1980

1957-1964. A does not indicate that Blanca speaks these lines aside. 1968. Ac.N., llegase.   1968-1971. A does not indicate that Blanca speaks these lines aside.   1971. A, que yo me ocupe.

BLANCA.	Si entonçes pude enojarme	
	por aquel atreuimiento	
	junto a los olmos y sauçes,	
	bien sabéys, esposo mío,	
	que fue la ocasión bastante.	1985
	Dadme perdón y en señal	
	vn abrazo.	
FELIS.	¿Qué señales	
	dará el alma deste bien?	
	Soys mi esposa, soys vn ángel,	
	soys ninfa de aquestas fuentes,	1990
	y mis ojos son los jaspes	
	a donde ponéys los pies.	
	Diré dos mil disparates	
	si no me vays a la mano.	
	Pero v[uest]ras manos dadme;	1995
	ynprimiré con mis labios	
	en ellas sellos tan grandes,	
	que las oblig[u]e a que sean	
	para mi bien liberales.	
JUAN.	Tomé.	
TOMÉ.	¿Señor?	
JUAN.	¿Qué te dize?	2000
TOMÉ.	Que ha sido querer vengarse	
	y que para a la trocada.	
JUAN.	¿Quieres que lleg[u]e y que acabe	
	con la espada esta desdicha?	
TOMÉ.	No veo por dónde baje	2005
	algún ángel de comedia	
	que te diga: "¡Tate, tate!"	
JUAN.	Pues si me abraso, ¿qué haré?	
TOMÉ.	Espántome que te abrases	
	en lugar de tantas fuentes.	2010

✠ *Marzelo.*

MARZELO.	Blanca, ya aguarda mi padre
	para bolber a la villa.
BLANCA.	Ven, mi luz, por que no aguarde.

✠ *Dé las manos.*

Ynés.	El coche espera, Teodora.	
Teodora.	Don Juan, adiós.	
Marzelo.	Perdonadme,	2015
	don Juan, si no me mandáys	
	que a la villa os aconpañe,	
	que por ver a mi Teodora	
	obligaçiones tan grandes	
	me manda dexar amor.	2020
Juan.	¡Qué mi paçiençia llegase	
	a sufrir esto, Tomé!	
Tomé.	Calla.	
Juan.	¿Qué quieres que calle?	
	¡Viue Dios, que en estos quadros	
	a no ser flores reales,	2025
	me hiziera Orlando furioso!	
Tomé.	No ayas miedo que se case.	
Juan.	No, porque ya está cassada. *Folio 17*	
	¡Qué de cosas me conbaten!	
	¡Qué de engaños me persig[u]en!	2030
	¡Qué estrañas dificultades	
	por ynstantes se me ofrezen;	
	pues apenas ay instante	
	que no tenga otro suçesso!	
Tomé.	Ser las mugeres mudables	2035
	debe de ser la ocasión.	
Juan.	Sig[u]e el coche, aunque me maten.	
Tomé.	¡Por Dios, que es cosa terrible	
	que esto passe en vna tarde!	

Fin del 2º Acto de
lo que passa en vna tarde.

(*Rúbrica*)

2016. A, sino.   2021-2026. Ac.N. and B indicate that these lines are spoken aside.   2026. Ac.N., me espera.

3.º

Acto de lo que passa en vna tarde.

(Rúbrica)

Ac.N. and B omit this page.

PERSONAS DEL 3º ACTO   *Unnumbered*
                        Folio

   Tomé.
   Don Juan.
   Gerardo.
   Blanca.
   Don Felis.
   Marçelo.
   León.
   Julio.
   Ynés.
   Teodora.

(Rúbrica)

Ac.N. and B add Notario and Médico to the list of characters.

ACTO 3º

Unnumbered Folio

Don Juan vestido de luto y Tomé.

JUAN.	Yo hallé diuina inuençión.	2040
TOMÉ.	Pues ¿ay inuençión diuina?	
JUAN.	Cosas que amor ymagina	
	sobrenaturales son.	
	Vestirme de luto ha sido	
	engañar lo ymaginado,	2045
	porque el sentido engañado	
	tenga menos de sentido.	
	Quando Blanca fuera muerta,	
	¿no era forzoso oluidalla?	
TOMÉ.	Si, señor.	
JUAN.	Ymaginalla	2050
	hará la mentira cierta,	
	y así la podré oluidar.	
TOMÉ.	En fin, ¿te das a entender	
	que es muerta?	
JUAN.	¿Qué puedo hazer?	
TOMÉ.	Y ¿te podrás engañar?	2055
JUAN.	¿Eso dudas?	
TOMÉ.	El remedio	
	es estremado.	
JUAN.	Ya en ti	
	consiste que tenga en mí	
	fuerza tan diuino medio.	
	No me has de deçir xamas	2060
	que no es muerta.	

Tomé.	¿Qué ora es?	
Juan.	Las çinco y más.	
Tomé.	No me des, señor, de término más que lo que falta a la tarde, si lo pudieres sufrir.	2065
Juan.	No estés cobarde en mentir.	
Tomé.	¿Quién está en eso cobarde? Fuerza de ymaginaçión es amor, y nadie crea hallar, aunque sabio sea, más alta difiniçión; porque ymagina quien ama las graçias de lo que quiere, muere de amor.	2070
Juan.	Amor muere, si muere quien ama.	
Tomé.	Es fama que de la ymaginaçión son hijos tambíen los çelos.	2075
Juan.	No se la dieran los çielos al honbre sin ocasión.	
Tomé.	¡Dichoso vn tonto, don Juan, que ymagina que es discreto; porque, si ha de hazer effeto, el mismo gusto le dan estas ymaginaciones que al sabio; y vna muger que es fea y se da [a] entender que exçeden sus perfecciones a la demás perfecçión, aunque la riña el espejo! Y ¡dichoso el que es conejo y se ymagina león! ¡Dichoso el pobre que piensa que es rico, y el buen humor	2080 2085 2090

2078. A, dieron.

	que, offendido en el onor,	
	no ymagina que es offensa!	2095
JUAN.	Por esa razón, Tomé, *Folio 2*
	es el tienpo largo o brebe:
	quando ymagina el que debe
	que ha de pagar, brebe fue
	el término que le dieron;	2100
	y quando el que ha de cobrar,
	que no acaba de llegar
	la escritura que le hizieron ...
	Pero dime, ¿qué hará agora
	Blanca?
TOMÉ.	Luego ¿viua está?	2105
JUAN.	Descuídeme.
TOMÉ.	No podrá
	hazer Blanca, mi señora,
	cossa ninguna, si es muerta.
JUAN.	Tienes razón. ¡Ay tal cosa
	que vna muger tan hermosa	2110
	esté de tierra cubierta!
	¡Qué es el mundo!
TOMÉ.	Así es verdad:
	murió. ¿Qué habemos de hazer?
JUAN.	¡Qué lástima ha sido ver
	su hermosura y tierna edad	2115
	cortadas como la flor!
TOMÉ.	¡Ay!
JUAN.	¿Lloras?
TOMÉ.	¿No he de llorar
	su moçedad?
JUAN.	No, que es dar
	materia a mi loco amor;
	y más la quiero yo muerta	2120
	que con don Felis cassada.
TOMÉ.	¡Que fue ver su malograda
	edad salir por la puerta

2097. Ac.N., B, ese tiempo.

	con tanto clérigo y frayle	
	y hermanos de Antón Martín!	2125
JUAN.	Yo traygo este luto, en fin,	
	por ella.	
TOMÉ.	Bien hazes; trayle,	

       y mira si acaso tienes
       para missas beynte reales.

JUAN.   ¡Animo, penas mortales,   2130
       contra sus locos desdenes!
       Era Blanca vna muger
       cruel, mudable, fingida,
       porque amaua aborreçida
       y daua en aborrezer   2135
       si le mostrauan amor.

TOMÉ.   ¡Qué notables desconçiertos!
       Que murmurar de los muertos
       es gran baxeza, señor.

JUAN.   Bien dizes; pero es querer   2140
       que sus mudanzas abone
       matarme.

TOMÉ.   Dios la perdone,
       que era vna buena muger.

JUAN.   ¿Con quién hablará de mí?
TOMÉ.   Si ella al canpo Elisio va,   2145
       con las almas estará
       diziéndoles mal de ti,
       o por ventura contando
       que es don Felis su marido.

JUAN.   Esso no.
TOMÉ.   Con falso oluido   2150
       estás tu amor engañando.
       Murmurar los vengatiuos,
       dixe que eran desconçiertos.
       No están seguros los muertos,
       ¿de qué se espantan los viuos?   2155

JUAN.   Antes es cosa segura
       del muerto.

TOMÉ.   Engañado estás.

Juan.	Nadie a vengarse xamás salió de la sepultura; pero vn viuo, ¡cómo ay tantos que andan de aquí para allí con chismes!	*Folio 3* 2160

✠ *Gerardo y Marzelo.*

Gerardo.	Déxame a mí, Marzelo, y no hagas espantos de que la casse a mi gusto.	
Marzelo.	Si no es el suyo.	
Gerardo.	Si es.	2165
Marzelo.	Yo sé que mostró, después de dar el sí, algún disgusto.	
Gerardo.	Ya por el notario han ydo.	
Marzelo.	Si este casamiento fuera con don Juan, Blanca estubiera bien enpleada.	2170
Gerardo.	No ha sido gusto de don Juan xamás.	
Marzelo.	¿Qué sabes tú si lo es?	
Gerardo.	El está aquí: no me des más pena	
Marzelo.	¿Resuelto estás?	2175
Gerardo.	Señor don Juan, ¿qué es aquesto? ¿Vos luto? ¿Por quién?	
Juan.	Tenía, señor Gerardo, vna tía…	
Tomé.	(Buen remedio para presto.)	
Juan.	Y al salir de los jardines, donde esta tarde os hablé, supe su muerte.	2180
Gerardo.	Ese fue el fin de todos los fines.	
Juan.	Qeríala tiernamente. Murióse.	

2179. A does not indicate that Tomé is speaking this line aside.

Gerardo.	¿Habéys heredado?	2185
Juan.	Pleytos.	
Gerardo.	¡Pésame!	
Juan.	Yo he dado	
	en no lo sentir.	
Tomé.	Sí, siente	
	que era mui buena la tía.	
Gerardo.	¿Qué, de vos no se acordó?	
Juan.	A otro heredero dexó	2190
	hasta el alma que tenía.	
Gerardo.	¿Y a vos?	
Juan.	Sola la memoria,	
	que hasta lo que yo le di,	
	dio al otro.	
Gerardo.	Suçede ansí.	
	Mas Dios la tenga en su gloria	2195
	y os dé a vos mui larga vida.	
	Tengo que hacer; perdonad.	

✠ *Gerardo [váyase].*

Marzelo.	¿Podré llamar tu amistad	
	fingida?	
Juan.	¿Y en qué es fingida?	
Marzelo.	Blanca me ha dicho agora,	2200
	testigos fuentes y flores,	
	dixiste a Teodora amores.	
Juan.	Si hablé, Marzelo, a Teodora,	
	fue por dar a Blanca çelos,	
	porque sólo a Blanca adoro,	2205
	y de guardarte decoro	
	hago testigos los çielos,	
	que lo que en aquel jardín	
	pretendí, fue ver si acaso	
	pudiera el dolor que paso	2210
	tener o remedio o fin.	
	Siempre te dixe que en ti	
	mi solo bien consistía;	

	haz tú que Blanca sea mía.	
MARZELO.	Partió mi padre de aquí	2215
	por el notario; mas creo	
	que todo aqueste desdén	
	de Blanca parase en bien,	
	si supiesse tu desseo.	
	Yo la palabra te doy	2220
	de hazer lo más que pudiere.	
JUAN.	Podrás, si Blanca me quiere. *Folio 4*	
	que yo el enojado soy,	
	hablarla de parte mía,	
	que yo te pondré a Teodora	2225
	en las manos.	
MARZELO.	Vete agora,	
	y de mí, don Juan, te fía,	
	que si ella te tiene amor,	
	no se harán las escrituras.	
JUAN.	Pues ten las tuyas seguras.	2230
MARZELO.	Pues adiós.	
JUAN.	Tomé.	
TOMÉ.	¿Señor?	
JUAN.	Escondámonos aquí,	
	que quiero ver qué responde	
	mi Blanca.	
TOMÉ.	¿Escondernos? ¿Dónde?	
JUAN.	Aquí detrás, ven tras mí.	2235

✠ *Blanca sale y don Juan se esconde.*

BLANCA.	Desdicha ha sido, Ynés. ¡Ay, nunca fuera	
	a la Cassa del Campo! Estoy perdida.	
YNÉS.	Si la verde color le desespera,	
	¿qué esperanza de amor no fue fingida?	
BLANCA.	Escusar el ponérsela pudiera.	2240
YNÉS.	Dióle el campo ocasión, pues escondida	

2221. A, hazerlo.　　2224. A, C, hablala.　　2235. A, aquel jasmi.

	la truxo asta llegar a aquellas flores;
	çelebran los amantes los fabores.
MARZELO.	Blanca.
BLANCA.	Marzelo.
MARZELO.	Estoy desesperado
	de aqueste casamiento de tal suerte, 2245
	que no descanso hauiendo caminado.
BLANCA.	Marzelo, amor es la prisión más fuerte.
MARZELO.	La culpa tienes deste loco estado
	a que me truxo amor, por ofrezerte
	a Felis por muger.
BLANCA.	La culpa ¡ay çielos! 2250
	no me la des a mí, sino a los çelos.
	Y pues todos estamos declarados
	que las desdichas tal liçençia tienen,
	ymagina que todos mis cuidados
	son de don Juan y de sus çelos vienen. 2255
MARZELO.	Y si son de don Juan tanbién pagados,
	¿por qué las escrituras que preuienen
	se han de hazer con don Felis, Blanca mía?
BLANCA.	Porque es vn neçio amor quando porfía.
MARZELO.	¿Quieres que diga yo que tú le quieres 2260
	a don Juan?
BLANCA.	El enojo fue venganza
	de su ausençia, que a todas la mugeres,
	naturalm[en]te, este deffeto alcanza.
	Dióme vna vanda verde; herm[an]o eres;
	dila a don Felis, no por esperanza, 2265
	sino por prenda ya de amor perdido,
	que está más engañado que offendido.
MARZELO.	¡Quántas cosas padezen los amantes
	sin ocasión, por temas, por porfías
	neçias, por niñerías semejantes; 2270
	que es niño amor y enseña niñerías,
	por quíen a quíen ha de rendirse antes,
	muriéndose estarán noches y días!

2256. Ac.N., B, tan bien.   2273. A, estavan.

Bien dizen del amor y sus desbelos
que, fuera de los brazos, todo es çelos. 2275
Yo voy a hablarle, y, hechas estas pazes,
estorbar la escritura yntentaremos.

BLANCA. Mi Marzelo, si tanto bien me hazes, *Folio 5*
Teodora es tuya.
JUAN. (¡Ay, Dios, Tomé! ¿Saldremos?)
TOMÉ. (Si de su firme amor te satisfazes, 2280
¿para qué será bueno que aguardemos?
Pero no, que te escucha Blanca.)
JUAN. (Aduierte
que viue amor y triunfa de la muerte.)
Hermosa Blanca, en tanto que Marzelo
te habló por mí, te oyeron mis oýdos, 2285
y, satisfecho de tu firme çelo,
obligaste de nuebo mis sentidos.
Mi bien, perdona, si mi mal reçelo,
que sienpre son los çelos atreuidos,
no de mi vanda ya, que amor me manda 2290
que estén mis esperanzas de tu vanda.
Azul, siendo ella verde, la bolbieron;
así el color con el temor se pierde.
Pero si al alma azul se la pusieron,
ya es bien que de que fue verde se acuerde. 2295
Assí flores y plantas se vistieron,
y, dellas esmaltado, el canpo verde
se ríe de la niebe, y se retira,
que en las cabezas de los montes mira.
Yo seré tuyo, si tu fee tan çierta, 2300
como es razón, pagar mi amor pretende;
que no ynporta el notario si a la puerta
está tu amor y que entre le defiende.
No puede la del alma ser abierta,
si el t[iem]po con su exérçito la ofende, 2305
que si la voluntad tiene la llabe,
nadie las bueltas de la guarda sabe.

2279-2283. A does not indicate that Juan and Tomé speak these lines aside.

BLANCA. Mi solo bien, yo sienpre te he querido
para onesta cadena de mi cuello;
al sello de tu amor de çera he sido, 2310
aunque de bronçe en conseruar el sello.
Después de haberte sin razón partido,
mis esperanzas suspendió vn cabello;
cortóle mi temor, y a la esperanza
suçedió por engaño la venganza. 2315
　　Mas ya, como amaneze el alba y dora
del manto de la noche el negro velo,
salió tu sol, y fue tu fee la aurora
que me truxo las nuebas de tu çielo.
Huya, mi luz, la noche de Teodora 2320
al resplandor de tu diuino çelo,
que quando quieren dos, ninguno es vno,
y si es vno el amor, todos ninguno.
　　Yo voy a ver qué estado, qué sujeto
tiene lo que los dos tienen tratado, 2325
que ser tuya, mis ojos, te prometo,
si viniese el poder de enuidia armado.
JUAN. Entra, señora, y mira con secreto
qué sujeto, qué término, qué estado
tiene tu casamiento.
BLANCA. 　　　　　　　　¡Dios te guarde! 2330
JUAN. ¡Qué de cosas he visto en vna tarde!
TOMÉ. Señora Ynés, si con yngenio burdo,
porque en fin soy poeta de obra gruesa,
por ella le dixese que me aturdo,
¿daría fin a mi amorosa enpresa? 2335
Que con tener entendimiento zurdo,
bien alcanzo las tretas que profesa.
Más Julios me persigen que a los prados.
YNÉS. ¿Yo a Julio?
TOMÉ. 　　　　　A Julio tú.
YNÉS. 　　　　　　　　　　¡Lindos cuidados!

2334. A, la dixese.

	TEXT		
	Yo, que tanpoco soy mui bachillera	Folio 6	2340
	ni sé más de querer a lo cristiano,		
	te digo que soy tuya y que quisiera		
	tener el mundo en esta humilde mano.		
Tomé.	¿No basta que sea tuya Talabera		
	quando la friegas?		
Ynés.	Pues, adiós, herm[an]o.		2345
Tomé.	Yo, Ynés, nunca por vandas me amohino,		
	si ya no fuesse vanda de tozino.		

[Váyanse.]

[Teodora entre.]

Teodora.	Con Blanca dijo Marzelo	
	que hablabas.	
Juan.	Dixo verdad,	
	que él hizo n[uest]ra amistad	2350
	con linpio y onesto çelo.	
	Pero ¿cómo estás aquí?	
Teodora.	Conuidáronme a çenar,	
	que Blanca se ha de cassar,	
	y no se ha de hazer sin mí;	2355
	bien pudiéramos tú y yo	
	hazer oy las escrituras.	
Juan.	Vn ynposible procuras.	
Teodora.	Luego ¿no?	
Juan.	Pienso que no,	
	que no quiero casamientos	2360
	tan cuidadosos y estraños;	
	que en bien p[ar]a tantos años	
	no ha de haber desabrimientos.	
	Está Marzelo de modo	
	con lo que trahe adquirido	2365
	de Milán, que me ha querido	

St. dir. after line 2347. C indicates no entrances or departures here. Ac.N. and B do not indicate Teodora's entrance. A does not indicate Ynés and Tomé's departure.

	matar, y acabarlo todo.	
	La çédula me pidió	
	que me hiziste, y se la di.	
TEODORA.	¡Ay, don Juan, que no es por mí,	2370
	sino por Blanca.	
JUAN.	Eso no.	
TEODORA.	Los dos os queréys cassar,	
	y andáys con esto engañando	
	a don Felis.	
JUAN.	¿Cómo, o quándo?	
TEODORA.	Pues ¿qué manera de hablar	2375
	es deçir que por temor	
	dexa vn ombre lo que es justo?	
JUAN.	El çielo sabe mi gusto,	
	Teodora hermosa, y mi amor.	
TEODORA.	¿Y cómo? Pero será	2380
	para Blanca.	
JUAN.	A Dios te queda.	
TEODORA.	Escucha.	
JUAN.	¿Quieres que pueda	
	Marzelo, si çerca está,	
	deçir que tan presto quiebro	
	la palabra que le he dado?	2385
TEODORA.	¿Tu palabra?	
JUAN.	Y lo he jurado;	
	no piense que te requiebro,	
	si aquí me ve. ¡Dios te guarde!	
	Tomé, bámonos de aquí.	
TOMÉ.	¿Falta más?	
JUAN.	¡Passar por mí	2390
	quanto puede en vna tarde!	

[Váyanse.]

| TEODORA. | ¿Qué puede esperar mi amor | |
| | entre tantos desengaños, | |

2381. Ac.N., B, Adiós. St. dir. after line 2391. C does not indicate Juan and Tomé's departure.

	sino desdichas y daños		
	que aumenten más mi dolor?		2395
	¡O, quánto fuera mexor		
	que no fuera venturosa		
	en ser de don Juan esposa!		
	Desdicha fue aquella dicha,		
	porque la mayor desdicha		2400
	es haber sido dichosa.		
	El me dio aquella esperanza,		
	quando de Castilla vino,	*Folio 7*	
	sólo p[ar]a abrir camino		
	a tanta desconfianza.		2405
	Fingir amor fue venganza;		
	tomarla será buen medio		
	de amor y temor en medio		
	con oluidar y callar;		
	mas si es remedio oluidar,		2410
	es mui costoso remedio.		

⊕ *Don Felis y Julio.*

FELIS.	No vino, Julio, el que tiene	
	oy mi remedio en su mano.	
TEODORA.	Este es don Felis, que en vano	
	las escrituras preuiene.	2415
JULIO.	Si el notario adiuinara	
	tu pena amorosa y fiera,	
	plumas de su pluma hiziera	
	y a tu remedio bolara;	
	pero no puede tardar.	2420
FELIS.	Teodora, mucho me alegro	
	de que os conuide mi suegro	
	aquesta noche a çenar,	
	para que seáys testigo	
	de mi fortuna.	
TEODORA.	No sé	2425

2414-2415. C has Teodora speaking these lines aside.

	si lo que deçís veré.
Felis.	Luego ¿no os quedáis?
Teodora.	No digo

    que no me pienso quedar,
sino que no lo veré.

Felis.	¿Por qué razón?
Teodora.	Porque sé 2430

que os han querido engañar.

Felis.	¿A mí? ¿Qué es esto?
Teodora.	Si están

Blanca y don Juan conçertados
de cassarse, y engañados
Gerardo y Marzelo os dan   2435
 esa palabra que véys,
¿cómo seréys su marido?

Felis.	¿Oyes esto?
Julio.	Y sé que han sido

çelos.

Felis.	Si vos pretendéys,

 por çelos de vn caballero   2440
tan noble, obligarme a mí
a algún desatino aquí
más cuerdo soy. Serlo espero,
 y heme corrido de ver
que con tanta libertad   2445
habléys de la calidad
de muger que es mi muger.
 Yd con Dios, que ya el notario
viene a hazer las escrituras.

Teodora.	No pueden mis desbenturas 2450

correr t[iem]po más contrario
 que éste de no ser crehídas.
¡Desesperada me voy!

    ✠ *Váyase Teodora.*

2438-2439. Ac.N. and B have Teodora, not Julio, speaking these lines.
2443. A, ser lo.

Felis.	Algo reçeloso estoy.	
Julio.	¿De quién es Blanca te oluidas?	2455
Felis.	Julio, no han hecho los çielos	

tan blanca blanca muger,
donde no pueda caer
alguna mancha de çelos;
    la más pequeña se ensancha   2460
en el paño del onor,
que, como es morado amor,
aun con el agua se mancha.
    Don Juan es guésped aquí   *Folio 8*
y entró primero que yo;   2465
si él en este blanco dió,
estará la mancha en mí.
    Blanca con el nonbre engaña;
pero ella engañada está.
que no corren blancas ya   2470
después que está rica España.

        ✠ *Entren Blanca y Ynés.*

Blanca.	¿Blancas no corren? ¿Qué es esto,	

señor don Felis? ¿Acaso
os pareze el dote escaso?
¿Habláys por ventura en esto?   2475

Felis.	No soy honbre tan grosero,	

ni tan poco enamorado,
que no hubiera reparado
en vos más que en el dinero.
    Y pues algo habéys oýdo,   2480
sabed que estoy cuidadoso
de don Juan, porque çeloso
ya fuera ser atreuido.
    Esto me ha dicho Teodora.

Blanca.	Çelos, de amor enemigos,	2485

nunca balen por testigos.
Teodora a don Juan adora;
    la verdad al t[iem]po dejo.

Felis.	El la descubre mexor.	

BLANCA.	Mandó el consejo de amor,	2490
	si es que amor tiene consejo,	
	que en ninguna ynformaçión	
	los çelos puedan jurar,	
	porque suelen lebantar	
	mil dudas a la opinión.	2495
FELIS.	Mandó mui bien; yo con esto	
	de vos satisfecho estoy	
	y a hablar a Gerardo voy.	
JULIO.	¡Qué desengaño tan presto!	
FELIS.	Julio, yo le doy las gra[cia]s.	2500
	No es bueno, nouio y reçelos,	
	porque quien entra por çelos	
	suele salir por degra[cia]s.	

✠ *Váyanse los dos.*
Don Juan y Tomé sin luto.

JUAN.	Esperando, Blanca, estube;	
	mal dixe, desesperando	2505
	diré mexor, que se fuesse	
	este tu esposo engañado.	
	(¡Engañado, en nada açierto,	
	si ha de ser mío el engaño!)	
	Haçiendo las escrituras	2510
	queda en tu sala el notario,	
	y yo quedo ya sin vida,	
	reduçido al postrer paso,	
	como quien sube a morir	
	y llega, aunque va despaçio.	2515
	¿Qué piensas hazer?	
BLANCA.	Deçir	
	que estamos los dos cassados.	
JUAN.	Eso es perdernos y dar	
	injusto enojo a Gerardo.	
	Si hallase industria el amor	2520

2508-2509. A does not indicate that Juan it speaking these lines aside.

	para dilatar vn rato,	
	vn ora, vn ynstante, vn punto	
	indiuisible, mi daño,	
	esso tengo por mexor.	
BLANCA.	Pues ¿cómo entre males tantos	*Folio 9* 2525
	hallará remedio el bien,	
	si passa el t[iem]po bolando?	
	Tú, mira lo que te ynporta,	
	sin reparar en mi hermano,	
	en mi padre, en mi onrra y vida,	2530
	que aquí estoy.	
JUAN.	Estoy pensando	
	si será bueno ympedirte,	
	y síg[u]ese el mismo agrauio:	
	pues si llebarte es rigor,	
	que, aunque quedemos casados,	2535
	sea dando causa al vulgo	
	que murmure n[uest]ros cassos.	
TOMÉ.	Mas ay vn remedio. Aduierte	
	en los suçesos passados,	
	y verás que donde estubo	2540
	más libre el vulgo y más falso,	
	habló solos quatro días	
	y se oluidó en otros quatro.	
	Son en Madrid los suçesos,	
	dígalo vn neçio, o vn sabio	2545
	como las olas del mar	
	que las que atrás se formaron	
	a las que delante fueron	
	van desaçiendo y borrando.	
	¡Qué discreçión es viuir	2550
	en pueblos grandes, pues hallo	
	que los suçesos de oy	
	a los de ayer oluidaron!	
	"No se me da nada — dixo	
	vn honbre en vn caso estraño —,	2555
	que mañana habrá otra cosa	
	con que se oluide mi agrauio."	
	Mas, si quieres que te diga	

	lo que tengo ymaginado,	
	quando effectiuo no sea,	2560
	podrá ser que ayude en algo.	
	Tú as de deçir que entre yerbas,	
	que ay en la Cassa del Campo,	
	se te antojó comer vna,	
	tan venenosa, que estando	2565
	hablando aquí con nosotros,	
	perdiste el seso, o que te ha dado	
	algún mal, que tan sólo	
	dilate el presente daño,	
	mas dé lugar a buscar	2570
	remedio con mas espaçio.	
[Juan.]	Blanca, no puede ser mexor remedio.	
Ynés.	¡No hallara yndustria Vlises más estraña!	
Juan.	¿Qué piensas? ¿Qué ymaginas?	
Blanca.	Puesta en medio	
	de tanto mal, qualquiera bien me engaña.	2575
	Si con eso dilato, si remedio	
	esta desdicha, amor, te desengaña,	
	que no habrá cosa que por ti no yntente.	
Juan.	¡Tu padre!	
Tomé.	¡Grande mal!	
Juan.	¡Fuerte accidente!	
	Ynés, acude tú; cuenta el suçeso.	2580

✠ *Gerardo, don Felis, el notario, Julio, Marzelo.*

Gerardo.	¡Hartos testigos ay, graçias al çielo!	
Felis.	Y don Juan está aquí.	
Gerardo.	¡Don Juan, amigo! *Folio 10*	
Juan.	Tube vna carta que boluió mi tía	
	de vn parasismo que le dió vn enojo,	
	y está libre del mal y conbaleçe.	2585

2564. A, se le antojo.   2567. A, perdio se ... o que le ha dado. B, y te ha dado.   2571. A, despaçio.   2579. A, ¡Triste accidente!   2582. A, Don Juan, ¿sin luto?

Notario.	Que firme la señora doña Blanca	
	mande vuesa merzed, luego que lea	
	estos conçiertos.	
Ynés.	No sé cómo sea	
	posible, que le ha dado a mi señora	
	vn ynprouiso mal.	
Gerardo.	¿Mal? ¿De qué suerte?	2590
Ynés.	Mil vozes di, que ymaginé su muerte.	
	Vino el señor don Juan, y la han tenido	
	entre él y su criado, que sospecho	
	que si aquí por los dos no hubiera sido,	
	se hubiera muerto, o roto el rostro y pecho.	2595
Felis.	Blanca, ¿de qué ocasión?	
Ynés.	De haber comido,	
	¡qué poca discreçión y qué mal hecho!	
	en la Cassa del Campo, vnas mortales	
	yerbas que ymaginó medizinales.	
	Pensó que era la angélica o el apio;	2600
	hartóse dél, y está de aquesta suerte.	
Gerardo.	¡No vienen las desdichas, sino en días	
	que ymagináis mayores alegrías!	
Felis.	¿A quién le suçediera tal desdicha?	
Marzelo.	Si fue yerba mortal, no habrá remedio.	2605
Gerardo.	¿Cómo que no, Marzelo? ¡Buen consuelo!	
	¡Mexor lo hará con mi desdicha el çielo!	
	Hija, ¿qué es esto que tienes?	
Blanca.	¡Ay, señor, yerbas mortales	
	que me libran de mil males	2610
	y me prometen mil bienes!	
	¡Estoy muerta! ¡Estoy sin mí!	
Felis.	¿Qué es esto, esposa?	
Blanca.	Vn mal fiero	
	por vos, por vos, maxadero	
	de los más lindos que vi.	2615
Felis.	¡Tanbién ha perdido el seso!	
Marzelo.	(En parte me consolara,	

2617-2619. A does not indicate that Marzelo is speaking these lines aside.

	Blanca, si en tu mal çessara	
	la fuerza deste suçeso.)	
	¿Qué es esto, querida hermana?	2620
	¿Cómo estás?	
Blanca.	(Marzelo, estoy	
	engañando el día de oy	
	y esperando el de mañana.)	
	Vnas yerbas que comí	
	me han puesto desta manera.	2625
Felis.	¿A quál ombre suçediera	
	tal desdicha, sino a mí?	
Juan.	(¡Bien finge!)	
Tomé.	(Para fingir	
	¿no le basta ser muger?)	
Notario.	Esto es fuerça suspender.	2630
Gerardo.	Mañana podréys venir,	
	que espero en Dios no será	
	más daño que este accidente.	
Notario.	¡El cielo os consuele!	

✠ *Váyase el Not[ari]o.*

Marzelo.	¡Tente!	
Gerardo.	¿Qué es esto?	
Marzelo.	Furiosa está.	2635
Gerardo.	Hija, ¿qué sientes?	
Blanca.	No sé;	
	el coraçón se me abrasa.	
	Báyase Felis de casa.	
Felis.	Si vos queréys, yo me yré.	
Blanca.	Sí, quiero; no estéys aquí,	*Folio 11* 2640
	que con veros me matáys,	
	porque como vos os bays,	
	bolueré, sin duda, en mí.	
Gerardo.	Hijo, parte por vn baso	
	de triaca, y tú a llamar,	2645

2621-2623. A does not indicate that Blanca is speaking these lines aside.
2628-2629. A does not indicate that these lines are spoken aside.

Julio, vn médico.

FELIS. Si dar
remedio a tan triste caso
oy con mi vida pudiera,
poco el perderla dudara.

✠ *Váyase don Felis.*

YNÉS. (En que se baya repara
todo quanto mal la altera.) 2650
Ya no lo puedo sufrir;
mucho del alma me cuesta
el querer disimular
la causa de tanta pena. 2655
Yerbas de amor me mataron;
flechas tiene amor con yerba,
pero las mismas agora
me sirben y me remedian.
Como eran verdes entonzes, 2660
puse mi esperanza en ellas,
porque ay mil cosas fingidas
que parezen verdaderas.
"No me aprobecharon, madre, las yerbas;
no me aprobecharon, y derramélas." 2665
TOMÉ. (Con seguidillas le he dado
este mal.)
MARZELO. ¿Quieres que sea
oy tu médico don Juan?
BLANCA. Del médico estoy enferma.
Déxame, Marzelo, aquí. 2670
MARZELO. ¡Por Dios, que me dan sospechas
que es tu mal fingido, Blanca!
BLANCA. ¡O, qué linda desbergüenza!
¿Quién le mete al preste Juan
en el llanto de Belerma? 2675
¿Soys vos, por dicha, letrado?
¿Sabéys casos de conçiençia?

2657. Ac.N., B, con yerbas.

Mirad la vuestra y callad,
que no es mui linpia la vuestra.
Yo me entiendo, y no querría 2680
que otro ninguno me entienda;
que soy yngenio difíçil
y escribo de atarazea.
Ay en la Casa del Canpo
vnas verdes yerbas que echan 2685
flores azules de çelos.
¡Neçia yo, que comí dellas!
"No me aprobecharon,
madre, las yerbas;
no me aprobecharon y derramélas." 2690

TOMÉ. Tiene mui grande razón,
que ay yerbas de mil maneras:
alquimilla, yerba mora,
amaro, yerba donzella;
ésta no es yerba común, 2695
pero ay désta contrahecha,
porque ay viejas ortelanas
que están en hazerla diestras;
pie de león, que bien saben
las damas de que aprobecha; 2700
almoradux, yerba sana,
elecho para hechizeras,
yerba de San Pedro; ay
peregil y yerba buena,
yerbas de San Juan, cogidas *Folio 12* 2705
en el punto que alborea;
azederas, verdolagas,
mastranzo, yerba puntera,
çumaque...

YNÉS. ¿Es yerba, cumaque?
TOMÉ. No sé; mas vee todas éstas: 2710
"no me aprobecharon y redamélas."

2701. A, Asmoradux.   2711. Ac.N., B, derramélas, although B notes that Lopes wrote *redamélas*.

✠ *Don Felis y Julio con vn basso.*

FELIS.	El médico viene luego,
	y aquí está la contrayerba.
GERARDO.	Hija, bebe.
BLANCA.	¿Qué es beber?
GERARDO.	Triaca magna.
BLANCA.	(Más çerca 2715
	tengo mi remedio yo.)
	Matarme queréys, ¡afuera!
GERARDO.	¿Cómo matarte?
BLANCA.	Si trahe
	para desdicha tan çierta
	el veneno la triaca, 2720
	a mi mal aumenta fuerzas.
	¡Afuera, digo!
MARZELO.	¿Qué es esto?
	Llegad todos a tenerla.
GERARDO.	Señor don Juan, llagad vos,
	que tenéys mexores fuerzas. 2725
JUAN.	¡Ea, mi señora Blanca,
	tenéos!

✠ *Ásgala por detrás la cintura, y ella diga bolbiéndose:*

BLANCA.	(¿Quién ay que tenga
	fuerzas, si no tú, bien mío,
	para detener la rueda
	de mi fortuna dudosa?) 2730
JUAN.	(¡Ay, mis ojos! ¿Quién creyera
	que te tubiera en mis brazos?)
GERARDO.	Dalde el basso.
FELIS.	El baso venga;
	tomad vn trago, no más.

2715-2716. A does not have Blanca speaking these lines aside. 2718-2721. Ac.N. and B have Blanca speaking these lines aside. 2727-2732. A does not indicate that these lines are spoken aside.

	¡Ea, buen don Juan, tenelda!	2735
	No ayáys miedo que se baya,
	que yo la tengo bien presa.
Felis.	Señora, tomad vn trago.
Blanca.	Ya le tomé de manera
	que pensé no le passar,	2740
	mas ya es poco lo que queda.
Felis.	Aquí está vuestra salud.
Blanca.	Sí; pero hazed que la vea,
	que, aunque la siento, los ojos
	de que no la ven se quexan.	2745
Marzelo.	Hermana, bebe.
Gerardo.	Hija mía,
	bebe.
Ynés.	(Señora, ¿qué esperas?)
Blanca.	(Ynés, que baya adelante
	la salud que atrás se queda.)
Juan.	(Yo pasaré, Blanca mía,	2750
	mui presto donde me veas.)
Tomé.	Bebe, mi señora, bebe.
Blanca.	Hazme tu la salba.
Tomé.	Muestra.
Blanca.	¿Es bueno?
Tomé.	No es mui allá;
	mexor entiendo que fuera	2755
	de la Membrilla, o d[e] Esquibias.
Blanca.	Ya bebo.
Felis.	¡Ya bebe!
Blanca.	¡Afuera!

✠ *Tome vn trago y roçíe a don Felis.*

Felis.	¿Esto has echo?
Tomé.	Y ¿no es fabor
	de aquella boca de perlas? *Folio 13*
	Todo vas lleno de alxófar.	2760

2747-2751. A and C do not indicate that these lines are spoken aside.
2756. Lope wrote *desquibias*.

FELIS.	Ser del alba me consuela.	
TOMÉ.	Sí; porque en Madrid de noche	
	ay perlas, pero son gruesas.	
JUAN.	(¿Cómo estás, señora mía?)	
BLANCA.	(Mi amor te da la respuesta:	2765
	como quien está en tus brazos.	
	¿Y tú, señor?)	
JUAN.	(Blanca bella,	
	como quien tiene su bien	
	y otro ninguno dessea.)	
BLANCA.	(Que aquí nos dexen hablar,	2770
	¿ay ventura como ésta?)	
JUAN.	(Blanca, haz quenta que eres reo	
	y yo el potro en que atormentan	
	los juezes y escriuanos,	
	los que te dizen que bebas;	2775
	confiesa pues, Blanca mía.)	
BLANCA.	(Haré lo que tú me ruegas,	
	aunque eres el instrumento	
	que con çelos me atormentas.)	
JUAN.	(¿Qué confiesas de tu amor?)	2780
BLANCA.	(Digo a la primera buelta	
	que soy tuya.)	
JUAN.	(¿A la segunda?)	
BLANCA.	(¿Más quieres? Mucho me aprietas.	
	Que a don Felis aborrezco.)	
JUAN.	(¿Qué dizes a la terzera?)	2785
BLANCA.	(Que, aunque me den dos mil muertes,	
	no me han de quitar que sea	
	tu muger.)	
FELIS.	¡Qué bien la tiene!	
	Es mozo de grandes fuerzas.	
MARZELO.	Y tan bien que en todo el mundo	2790
	no habrá quien mexor la tenga.	
JUAN.	El médico vino ya.	

2761. A, a ser.   2764-2787. A and C do not indicate that Juan and Blanca speak their lines aside, to one another.

GERARDO. Pues allá dentro la vea.
BLANCA. (Contigo yo yré.)
JUAN. (Algún día.)
TOMÉ. (¿Qué le dize de las yerbas?) 2795
BLANCA. (Que me aprobecharon y que eran buenas.)

✠ *Llébenla, y queden Felis, Marzelo y Gerardo.*

GERARDO. ¡Qué buen honbre es don Juan y qué alentado!
FELIS. ¡Mozo de grandes fuerzas me pareze!
MARZELO. ¿Tener vna muger es fuerza?
GERARDO. Ha dado
    más fuerza el cielo a quien su fuerza ofreze. 2800
    Si tener vn caballo desbocado
    nonbre de fuerza y de ánimo mereze;
    si enfrenar vn león, ¿qué animal fiero
    es más fuerte enojado y más ligero?
MARZELO. Esa es fuerza, señor, de la prudençia; 2805
    la fuerza corporal al cuerpo alcanza,
    como la que se vio por exçelençia
    en el gran don Gerónimo de Ayanza.
GERARDO. Allá en mi mozedad, con eminençia
    la tube yo; del t[iem]po la mudanza 2810
    todo lo trueca.
FELIS. Alçides nuebo llama
    al fuerte don Gerónimo la fama.
GERARDO. Hacía lechuguillas de un trincheo, *Folio 14*
    y con vn dedo de las manos duras
    le passaua; con brazo giganteo 2815
    rompía quatro fuertes herraduras.
MARZELO. Yo sé a su muerte vn epigrama, y creo
    que es exçelente.
GERARDO. Dile, si procuras
    entretener mi justo sentimiento.
MARZELO. Mientras curan a Blanca, estáme atento. 2820

2793. C, ella dentro (corrected in *erratas*). 2794. A and C do not indicate that Blanca and Juan speak these lines aside. 2795-2796. A and C do not indicate that Tomé and Blanca speak these lines aside.

"Tú sola, peregrina, no te humillas,
¡O muerte!, a don Gerónimo de Ayanza;
tu flecha opones a su espada y lanza,
y a sus dedos de bronze, tus costillas.
    Flandes te diga en campo, en muro, en villas   2825
cuál español tan alta fama alcanza;
luchar con él es vana confianza,
que hará de tu guadaña lechuguillas.
    Espera; arrancará por desengaños
las fuertes rexas de tu cárzel fría.   2830
Mas ¡ay! cayó. Vençiste. Son engaños.
    Pues, muerte, no fue mucha valentía,
si has tardado en venzerle sesenta años,
quitándole las fuerzas cada día."

GERARDO.   Vozes pareze que dan.   2835
Bamos, don Felis, aber
si es locura.

FELIS.   Oy ha de ser
mi muerte.

    ✠ *Váyanse don Felis y Gerardo.*

    ✠ *Marzelo quede.*

MARZELO.   Pienso que van
engañados de don Juan.
    Si es engaño, es el mayor   2840
que pudo ynuentar amor,
temeroso de su daño,
pues dizen que del engaño
fue su primero inuentor.
    Pero aquí viene Tomé.   2845
¿Qué ay, herm[an]o?

TOMÉ.   Que me enbía
en este dudoso día,
que vn año pienso que fue,
a que la razón te dé

St. dir. after line 2837. Ac.N. fails to indicate that Marzelo remains.
2843. A, de engaño.

	del engaño fabricado,	2850
	don Juan, que de lo yntentado	
	no quiere que estés quexoso.	
MARZELO.	El cuidado ha sido onrroso.	
TOMÉ.	¿Y el enbeleco?	
MARZELO.	¡Estremado!	
TOMÉ.	Pues yo he sido el ynuentor	2855
	y el que el "me fecit" pondré	
	de aquesta pintura al pie,	
	como tú me des fabor.	
MARZELO.	Yo tengo a don Juan amor,	
	y como deje a Teodora,	2860
	Blanca es suya desde agora.	
TOMÉ.	En eso poco mereze,	
	porque a Teodora aborreze	
	tanto como a Blanca adora;	
	y suplícote que des	2865
	tanbién para mi afiçión	
	fabor.	
MARZELO.	Pues ¿ay ocasión?	
TOMÉ.	Tantico de amor de Ynés,	
	con que vendrán a ser tres	
	las bodas, que es lindo alarde:	2870
	tú con Teodora, aunque aguarde,	
	don Juan, Blanca, Ynés y yo.	
MARZELO.	Espera.	
TOMÉ.	No digas no.	
MARZELO.	Aun falta más de la tarde.	

[Váyase Tomé.]

✠ *Gerardo y don Felis.*

GERARDO.	Basta, Marzelo, que ha dado	*Folio 15*	2875
	en loca tu herm[an]a.		
MARZELO.	¡Llegan		

	aquellas yeruas a hazer	
	en mugeres grandes pruebas!	
FELIS.	Más pareze que las haze	
	mi desdicha en mi paçiençia.	2880
GERARDO.	Ha dado en deçir agora	
	que ha de matarse.	
FELIS.	Y lo hiziera	
	a no tenerla don Juan.	
GERARDO.	Pues ha dado en vna tema	
	notable p[ar]a matarse.	2885
MARZELO.	¿Cómo?	
GERARDO.	Que si no la dexan	
	que se case con don Juan,	
	de los balcones y rexas	
	ha de arrojarse en la calle.	
MARZELO.	Pues tú, ¿por qué no remedias	2890
	ese desatino?	
GERARDO.	¿Yo?	
MARZELO.	Sí, señor.	
GERARDO.	¿De qué manera?	
MARZELO.	Haçiendo que como en burlas	
	don Juan se case con ella;	
	que en dándole gusto a vn loco	2895
	luego al punto se sosiega,	
	y mientras no se le dan,	
	se mata y se desespera.	
FELIS.	Tiene Marzelo razón,	
	y más si los locos piensan	2900
	que lo que se haze de burlas	
	ha de resultar en veras.	
MARZELO.	Yo he visto locas que dan	
	en deçir que ellas son reynas,	
	y que a quien las contradize,	2905
	con manos y boca yntentan	
	quitar la vida.	

2877. A, C, ha hazer; although both state that the reading should be *a hazer*.   2879. A, la haze.   2886. A, sino.

Gerardo.	Es verdad.	
Felis.	¿Qué te pareze?	
Gerardo.	Que sea,	
	y casémosla entre todos,	
	para ver si se sosiega.	2910
Marzelo.	Tomé viene aquí.	

✠ *Entre Tomé.*

Tomé.	Ya es ydo	
	el médico; ya le aprestan	
	su litera.	
Marzelo.	¿Es uso agora?	
Tomé.	"Literas" llaman las letras	
	los latinos, y assí van	2915
	los que las tienen en ellas;	
	en los coches van las damas	
	por quien los hombres enferman,	
	y así dixo, sea quien fuere,	
	por médicos y por ellas:	2920
	la enfermedad anda en coches	
	y la salud en literas.	
Gerardo.	¿Dexó mandada otra cosa	
	de la primera reçeta?	
Tomé.	Sí, dexó.	
Marzelo.	Pues ¿qué deçía?	2925
Tomé.	Reçipis aquis apriesa	
	de don Juan de Viberus	
	con que quedabitur buena.	
Felis.	Yo bien entiendo latín.	
Gerardo.	Pues ¿quién ay que no lo entienda?	2930
Tomé.	Assí lo dizen algunos;	
	¡Dios sabe lo que les queda!	
Gerardo.	Venga Blanca luego, Felis.	
Felis.	Ya viene.	
Marzelo.	Y vienen con ella	
	don Juan y Teodora. ¡Ay, cielo,	2935
	que aún dize el alma que tema!	

✠ *Blanca, don Juan, Ynés, Julio, Teodora, León.*

Folio 16

BLANCA.	Dexadme vn poco.	
TEODORA.	Sí, haremos,	
	si te sosiegas.	
GERARDO.	Tenelda.	
JUAN.	No penséys que me descuido;	
	¡Dios sabe lo que me cuesta!	2940
BLANCA.	Basta, que no queréys darme	
	a don Juan.	
FELIS.	¡Estraña tema!	
GERARDO.	Hija, ya está conçertado;	
	tu esposo ha de ser, sosiega.	
BLANCA.	¿Cómo puedo sosegarme	2945
	hasta que deso esté çierta?	
MARZELO.	Don Juan, hazednos plazer;	
	que para que Blanca entienda	
	que la cassamos con vos,	
	finjáys que os cassáys con ella.	2950
JUAN.	No me mandéys que eso haga,	
	¡por Dios! que son cosas éssas	
	que podrían ser de burlas	
	y venir a ser de veras.	
FELIS.	Don Juan, todo esto es fingido.	2955
	Cassaos por que ella lo crea,	
	que está en esto su salud.	
GERARDO.	¡Ea, don Juan, que si fuera	
	la mayor dificultad,	
	diera yo en seruiros muestra	2960
	del amor que me debéys!	
JUAN.	Pues con vn conçierto sea:	
	que para que vea Blanca	
	que son bodas verdaderas,	
	tanbién se casse Teodora	2965

2938. Ac.N., tenedla.

	con Marzelo.	
Marzelo.	Manifiestas	
	tu grande yngenio, don Juan;	
	porque, como Blanca vea	
	que nos casamos los dos,	
	ha de pensar que es de veras.	2970
Gerardo.	Dale, Teodora, la mano.	
Teodora.	Aunque con dos mil sospechas,	
	Marzelo, yo soy tu esposa.	
Marzelo.	Yo tuyo, Teodora bella.	
Gerardo.	Hija, Teodora y Marzelo	2975
	se han cassado; sólo resta	
	que te casses con don Juan.	
Blanca.	Digo que mil vezes sea.	
Juan.	Tomé, Julio, León, Marzelo,	
	sed testigos que me entregan	2980
	Gerardo y Felis a Blanca.	
Julio.	Los quatro lo somos.	
Juan.	Prenda	
	del alma a quien le costáys	
	tantos cuidados y penas,	
	bolbed en vos, que mi mano	2985
	con el alma toda es vuestra.	
Blanca.	Marzelo, Tomé, León, Julio,	
	sed testigos que es de veras	
	y que estoy en mi jüicio.	
León.	Todos lo somos.	
Blanca.	Las yerbas	2990
	que tomé se me han curado	
	con esta santa reçeta.	
Felis	¿Habláys de veras los dos?	
Juan.	Todo es, don Felis, de veras.	
Marzelo.	Y que Marzelo es marido	2995
	de Teodora.	
Felis.	¿Quién profesa	

St. dir. after line 2971. B inserts *Dándose las manos*. 2988. A omits the verb *es*.

	nobleza ynventa trayçiones?
	Gerardo, criados, ¡mueran! *Folio 17*
GERARDO.	Quedo, Felis, que he entendido
	que a don Juan Blanca dessea. 3000
BLANCA.	No te canses, que soy suya.
FELIS.	Esa palabra me templa.
TEODORA.	Marzelo, aunque ha sido engaño,
	del engaño estoy contenta.
TOMÉ.	No os entristezcáys, don Felis; 3005
	escoged en lo que queda.
	¿Queréis a León, o a Julio?,
	que yo a Ynés de Talabera
	le gano la palmatoria
	con la de matar candelas. 3010
FELIS.	Todos soys deudos y amigos.
	¿Qué he de hazer?
TOMÉ.	Prestar paçiençia.
GERARDO.	Luzesençiendan.
JUAN.	Pues antes
	demos fin a la comedia,
	por que passe en vna tarde, 3015
	y antes que luçes se ençiendan.

de M. V. c s m p o.

Loado sea el santíssimo sacram[en]to.
En Madrid a 22 de Nouienbre de 1617.
  Lope de Vega Carpio *(Rúbrica)*

Esta comedia, yntitulada Lo que pasa en vna tarde, se podrá representar, reseruando a la vista lo que fuera de la lectura se

---

3013. A, C, encienden.

offreciera, y lo mismo en los cantares y entremés, en Madrid a 10 de dize, 1617.

Thomás Gracián Dantisco.
(Rúbrica)

Vta.
   H. Salazar. *(Rúbrica)*

Regarding Lope's pious ascription, A has the following: d e m v c l m p o. Regarding the date, A omits *de* before 1617. In the censura, B omits *a* before *la vista;* Ac.N. adds *de* before 1617; and A omits 1617.

NOTES

Personajes del P⁰ Acto. The names of all the characters in *Lo que pasa en una tarde* have been used by Lope in other *comedias*. Félix and Inés were special favorites of Lope, and in *La hermosa fea* we learn that Inés was a common name for a maid-servant. Julio, the *gracioso* in *La hermosa fea*, makes the following remark upon noticing that there is no maid for him to make love to:

> ¡Quién creyera
> que no hubiera para Julio
> una Inés en esta feria!
>
> (R. II, 362a)

Another Julio, this one Félix' servant, is Tomés' competition for the hand of Inés, in *Lo que pasa en una tarde*. Celia, who appears briefly in Act I as Teodora's maid and whose name is not listed with other characters in the manuscript, appeared in other plays as a servant: *La dama boba, El mayor imposible*, and *Quien todo lo quiere*.

The actors listed in the *reparto* of our play have been identified by Hugo A. Rennert in *The Spanish Stage in the Time of Lope de Vega*. Villegas' full name was Juan Bautista de Villegas, the son of the *autor de comedias* Antonio de Villegas. He was no less celebrated as an *autor* than as an *actor*, and in January, 1623, he had a company of players which represented five *comedias* privately before the king in the *Alcázar*. Villegas was the *autor* of at least thirteen *comedias*, and he died shortly before November, 1623. His father Antonio de Villegas was incorrectly called the *autor* of *Lo que pasa en una tarde* by Sánchez-Arjona, but this would have been an impossibility, since Antonio de Villegas died on May 29, 1613, four years before Lope wrote *Lo que pasa en una tarde*. (Op. cit., pp. 631-632.)

Cosme Pérez, also known as Juan Rana, was a famous *gracioso* in the company of Juan Bautista de Villegas in 1617 and 1622. In 1617 he also appeared as Leonardo in the original cast of Lope's *El desdén vengado*. He was in the company of Antonio de Prado in 1623-24, and with Pedro la Rosa in 1636. He appeared on the stage as late as 1665 and died in Madrid in 1673. (Op. cit., pp. 553-534.)

The note "2ª y terª jorᵈᵃ" beside Blanca's name in all probability indicates that Lope was looking for an actress to play the role of Blanca on the second and third days of the play's representation. The "ase de sacar" after Teodora and León's names means that Lope had not yet chosen an actress and actor for these roles.

Lines 1-8. The reversal of fortune in love was lamented in *Obras son amores:*

> Que no hay amor que no vuelva
> todo su vino vinagre;
> porque, en efeto, comienza
> en anillos, como dicen,
> flores, cintas, cartas, letras,
> y acaba en dagas, deshonras,
> celos, sátiras y quejas.
>
> (Ac.N., VIII, 174a)

11-14. Professor José F. Montesinos informs us that the counterposition of the terms *esperanza-posesión* was a device practiced by Lope and other *dramaturgos* of his time. (Cf. *Barlaán y Josefat*, T.A.E., p. 263.) From Castro's *Las mocedades del Cid* we have the following quote:

> ...siendo la veloz carrera
> de la frágil vida humana
> un hoy en lo poseído
> y en lo esperado un mañana.
>
> (I, *La Lectura*, 137)

Several other examples of this counterposition and its variants are:

> ...amor, si el bien alcanza,
> busca la posesión, no la esperanza.
>
> (*Servir a buenos*, R., II, 426c)

> Ya te darán posesión
> mis brazos desa esperanza.
>
> (*Lo que hay que fiar del mundo*, Ac.N., VII, 262b)

> ...en segura posesión
> es ociosa la esperanza.
>
> (*La venganza venturosa*, Ac.N., X., 188b)

There are two further examples of this *esperanza-posesión* counterposition in *Lo que pasa en una tarde*. Lines 553-556, and 673-674.

21. This apostrophe to "thought" is very common in Lope and is a dramatic device with the form and character of a monologue. Schevill tells us that other apostrophes to "thought" can be found in *La viuda valenciana*, "Buen ánimo, pensamiento, de temeridad vestido." II, i; *Los locos de Valencia*, "Vete despacio, pensamiento mío." I, xiii. (Cf. *La dama boba*, p. 277.)

35. The close relationship between *amor y celos* was expressed in *El ruiseñor de Sevilla:*

> Que en cualquier parte del mundo
> que hay amor, ha de haber celos.
>
> (Ac., XV, 211b)

49-51. The effect of absence on love was discussed in *El silencio agradecido:*

> ¡Qué paciencia puede haber
> para amar y estar ausente,
> si el ausente espera y siente
> cuanto mal puede temer
> para amar y padecer
> celos y olvido en ausencia!
>
> (Ac.N., IX, 543a)

53-56. Absence makes love grow cold, and no lover should absent himself:

> Fabio, el amor es buñuelo,
> que ha de comerse abrasando.
> Hiélese amor en ausencia.
>
> (*Los ramilletes de Madrid*, R., IV, 304b)

57-60. Blanca here refers to the popular diversion of the sixteenth and seventeenth centuries, the reed joust, in which slender poles were used instead of spears. This diversion, as F.O. Reed tells us, was held on any occasion of festivity, and many attended to see the gorgeous costumes of the participants. (Cf. *Philological Quarterly* I, p. 124.)

65-69. The *paso* was the name which Lope de Rueda gave to his farces. Rueda's *pasos* are the antecedents of Cervantes' *entremeses,* and Julio Cejador sees them as "el verdadero teatro cómico español." (Cf. Bleiberg y Marías, *Diccionario de literatura española,* p. 599.)

74-76. As Professor Fichter informs us, Lope, like many contemporary writers, often indulged in the banalities of Petrarchan poetry by calling a woman's mouth *clavel* and her forehead or skin *jazmín.* Clavel was used in *Los Porceles de Murcia,* Ac., XI, 548b and *La hermosa fea,* R., II, 353a. *Jazmín* was used in *Los Porceles de Murcia,* loc. cit. and *La hermosa fea,* loc. cit. (Cf. Fichter, op. cit., p. 167.)

81-82. Covarrubias, in the *Tesoro de la lengua castellana,* offers the following description of *Aranjuez:* "Pago deleitoso en la ribera del Tajo, bien conocido por tener allí el Rey, nuestro señor, gran recreación de huertas, jardines, casa y pesca y pastos." (P. 82.)

101-106. Blanca will avenge herself of don Juan's absence by forgetting him, a situation which recalls these words from *El más galán portugués:*

> Hubiera en las ausencias mil olvidos;
> esto confesará cualquiera que ame,
> pues para que el amor no se disfame,
> está el amor de celos permitidos.
>
> (Ac., X, 396b)

107-111. In Lope's time, it was the duty of the daughter to please her father in her choice of a husband. In *La victoria de la honra*, Ana expresses her marriage obligation to her father Pedro in these words:

> Como siempre el blanco justo
> a que yo debo mirar
> es pensar que te he de dar
> con obedecerte gusto ...
>
> (Ac.N., X, 439a)

Covarrubias defines *deudo* as "... pariente, por lo que debemos primero a nuestros padres, y de allí, en orden a todos los conjuntos en sangre" (p. 314). We may assume, then, that a degree of kinship existed between Blanca's father and Félix.

121-127. F.O. Reed notes that card playing was one of the most popular diversions for Spaniards of the seventeenth century, and that it was extremely widespread in all social classes. (Op. cit., p. 124.)

131-132. Compare the English, "Lucky in love, unlucky in cards."

137-139. Ricardo del Arco y Garay informs us that it was the custom of certain card players to award the *barato*, or a portion of their winnings, to others. (Cf. Arco y Garay, *La sociedad española en las obras dramáticas de Lope de Vega*, p. 508.)

141-147. The prevailing type of shoes for ladies of rank was the *chapín*, whose characteristic was the high sole obtained by the application of layers of cork. (Cf. Reed, op. cit., p. 122.) We read the following description of a *chapín* in *La mal casada*:

> ...el chapín con virillas y lazadas,
> unas de plata y otras encarnadas.
>
> (R., II, 297b)

156-159. Arco y Garay tells us that lovers in Lopean plays often exchanged *cintas*, *listones*, or *bandas* (cf. Arco y Garay, op. cit., p. 356), and an example of this practice was Fenisa and Lucindo's exchanging *cintas* in *La discreta enamorada*. (R., I.) In our play, we later learn that the *banda* which Blanca gives to Félix is the same one which don Juan had earlier given her.

166-169. Among the attractions of Madrid mentioned in *La ventura sin buscalla* are the:

> ... bien vestidas mujeres,
> que entre clavel y jazmín,
> para dar al alma antojos,
> van metiendo por los ojos
> la virilla de un chapín.
>
> (Ac.N., X, 262a)

That a woman's *galas* could consume a man's savings is recorded in *Virtud, pobreza y mujer*:

> En fin, o buenas o malas,
> consumen sin resistencia
> ... la bolsa con las galas.
>
> (Ac.N., VII, 509a)

NOTES 155

172-173. Although Lope indulged in many of the banalities of Petrarchan poetry (cf. note to lines 74-76) such as calling a woman's mouth, *clavel,* her skin, *jazmín,* and teeth, *perlas,* we should realize that he often ridiculed such commonplace comparisons, as we note in *La corona merecida:*

>Dando siempre en versos varios
>a sus damas gran tesoro;
>hacen sus cabellos oro,
>bruñida plata sus manos,
>perlas sus hermosos dientes.
>
>(Ed. Montesinos, 1145-56)

175-176. *Solimán,* according to F.O. Reed, was a favorite cosmetic in Spain and was used to whiten the face and hide wrinkles. (Op. cit., p. 123.) In these lines Julio, in effect, is hoping that Blanca will always look young.

177-180. As we learn in *Donde no está su dueño, está su duelo:*

>El mayor bien viene a ser,
>de la tierra, haber llegado
>a estar siempre enamorado
>un hombre de su mujer.
>
>(Ac.N., V, 1a)

Julio is wishing this *mayor bien* to Blanca.

182-184. Professor Montesinos tells us that the comparison of love with a flame is an Ovid theme, not unusual in Lope. (Cf. *El cuerdo loco,* T.A.E., p. 220.) From *El cuerdo loco* we cite the following example of this comparison:

>Ya salgo, amado señor,
>llena de temor y amor,
>metida entre yelo y fuego.
>
>(lines 2737-39)

In our play Blanca uses the word *falsas* to refer to her new, feigned love of Félix.

185-193. The *criados'* common practice of complaining to their masters or mistresses about their poor pay is shown in the ensuing dialogue between Tomín, the *criado* and the *Conde* in *El desdén vengado:*

>CONDE: ¿Qué te he dado?
>TOMÍN: Pesadumbres.
>CONDE: Quando te quejas de mí
>que un pobre título soy,
>Tomín, disculpado estoy,
>y estará la culpa en ti.
>
>(Ac., XV, 399a)

200-202. Tomé asks Blanca for *puntos,* laces, to be used as *alamares,* or buttons, for his mouth, i.e., to stop his prattling.

216-222. Another biting description of *celos* is given in *La Dorotea* by the *coro de celos:*

¡Oh, celos, rey tirano!
¡Oh, bastardos de amor! ¡Oh, amor villano!
... ¡Oh, engaño a la verdad, puerta al olvido!...

(*Obras escogidas*, Madrid, 1953, II, p. 1486)

230-231. The *páxaro* in this case is don Juan, who without Blanca left the nest and went to the *fiestas* alone.

236. Blanca means that she, having been deserted by don Juan, will no longer wait for him, the *páxaro*, who seeks to return to his nest after the *fiestas*.

This same proverb was fully quoted by don Quixote in Chapter 74 of *El ingenioso hidalgo don Quixote de la Mancha*. Don Quixote, near death, expresses his regained *cordura* with these words:

... pues ya en los nidos de antaño no
hay pájaros hogaño. Yo fui loco, y
ya soy cuerdo: fui don Quixote de la
Mancha, y soy ahora, como he dicho,
Alonso Quijano el Bueno.

(*Don Quixote de la Mancha*, ed. *Aguilar*, p. 1522)

241-244. As Lope stated in *Las bizarrías de Belisa*:

... ira y amor son lo mismo.

(Ac.N., XI, 455a)

258-264. This *uno* referred to by Tomé is Lope himself, who attended the *fiestas* with other Spanish notables and *literatos*. Of course in our play Lope uses the *fiestas* as the cause of the lovers' quarrel, and he also describes these *fiestas* in his inimitable style.

273-276. The *criado* of the sixteenth and seventeenth centuries was expected to be obedient and silent, in addition to humble, as we notice in *La paloma de Toledo*:

Porque han de ser los criados,
... obedientes como ciegos,
y como mudos callados.

(Ac., X, 238a)

281-283. Note Inés' allusion to the *baraja*, or the forty-eight cards which comprise a deck of cards: the *pinta* is the trump card, the *caballo*, the Spanish equivalent of the queen card, and the *rey* is the king card. (Cf. *Pequeño Larousse Ilustrado*, pp. 131, 170, 806, 902.) Inés is insisting here that Tomé quickly begin his description of the *fiestas*, since she is anxiously awaiting news about this gala event.

284. *Musa.* Tomé refers to the classical representatives of poetry and of song in general before relating the *fiestas* to Inés.

285. Tomé, a member of the *lacayo* class, will relate the *fiestas* to Inés from the standpoint of the *lacayos* and *criados* in attendance. Hence the people he mentions are, presumably, *lacayos* or *criados*. F.O. Adams characterizes Tomé's servant-fool type humor in his mock heroic description of the *fiestas* as typically Spanish and very interesting to the student of local color and customs. (Cf. Adams, op. cit., p. 198.)

288-290. The *overos* to which Tomé appeals are egg-colored, speckled horses, the *bayos* are yellowish-white bays, and the *blancos* are white-spotted horses. The *castaños* are chestnut-colored, and the *rosillos* are roan horses. *Alazanes* are sorrel or chestnut-colored, and *melados* are honey-colored beasts.

291. Tomé refers with *Parnaso* to the mountain consecrated to the Muses; here he means intelligents horses.

292. These are the horses with white under-lips.

293. "Dezimos ser como los potros de Alcaraz, que hazen tarde, porque no toman carnes ni la perfección que han de tener, hasta cumplidos los seys años." (Covarrubias, op. cit., p. 37.)

294. Covarrubias described the *rocín* in this way: "Es el potro que o por no tener edad o estar maltratado, o no ser de buena raza, no llegó a merecer el nombre de caballo." (Op. cit., p. 13.) These were the *rocines* of the scholars (*lizenciados*).

295-296. i.e,. cold, flicking their tails, during winter (*hasta abril*), and warm during summer (*hasta otubre*).

301-302. For a satirical reference to doctors riding on mules, cf. Quevedo, *El sueño de la muerte*. We can deduce that this was a common means of transportation for the doctors of the time.

303-304. Carrots and thistles, with their medicinal qualities, are used to improve the health of the doctors' mules.

305-308. i.e., the mules of clerics appear like widows in mourning, with their black headpieces.

309-311. As Arco y Garay relates, the *Prado de San Jerónimo* (*Gerónimas mulas*) was a favorite boulevard of the *madrileños* (op. cit., p. 31), and the *sirenas* were the women who used to go to the *Prado* to be joined later by men there.

321-322. The Duero River is equated with the glass, since it is 850 kilometers in length, while the Tajo is the jar, since this river is some 1008 kilometers long.

323-326. The banks of the Manzanares River, which flows into the Tajo, provided recreation areas for picnickers (*peregil*) as well as a location for *madrileñas* to do their wash (*xabón*). Cf. Fichter's edition of *El sembrar en buena tierra*:

> ... no olvidando a Manzanares
> las xabonadas riberas.
>
> (lines 2785-86)

327-334. In *El sufrimiento de honor*, Lope again used *cruz* to mean matrimony:

> ... quien cruz quisiere llevar,
> cárguese de una mujer.
>
> (Ac.N., IX, 633b)

339-340. The notion of *criminales mostachos* is explained by Covarrubias under *mostacho* in his *Tesoro*: "... vocablo alemán, quieren algunos valga tanto como per Deum ... porque se estiravan de los bigotes quando amenazavan a alguno." (Op. cit., p. 556.)

343-346. In this comic description of Martín de la Corredera's gaudy costume, Tomé indicates that the white plumage which adorned the lackey's blue and orange garb gave the appearance of orange blossoms covering an orange tree.

347-353. Tomé's humor is evident in his description of Inés, apparently a renowned female of the lower class.

355-362. The *lacayos* in the literature of Lope's time were often *gallegos*, and the *gallegos* were frequently depicted as comic types and objects of criticism, as we note in *Bernardo del Carpio*:

> ¡Antes moro que gallego!
> (Ac.N., III, 651a)

Lope in these lines makes a pun on *nabo*. In the first instance it is used in the sense of "native," and in the second, literally, to mean "turnip." Arco y Garay elucidates the word *ydalgo* and informs us that during Lope's time the *hidalgos* were nobles of inferior class, devoid of fortune, title, jurisdiction and important public positions. (Op. cit., p. 486.)

363-366. i.e., blue and black, colors that do not go well together, were joined without permission, or previous custom.

369. The *torreznos* given to Lorenzo by Marina are two rashers of bacon, indeed typical foodstuff for this *lacayo*.

380-382. Many would-be *galanes* were accustomed to wearing their *vigotes alzados* or *exagerados* in order to "... parecer valientes y espantabobos, como los que para dar a entender eran grandes filósofos se dexavan crecer la barba." (Covarrubias, op. cit., p. 137.) In *Las bizarrías de Belisa* Finea expresses her disapproval of the *bigotera*:

> No la nombres; que me espanto
> de ver los hombres con ella ...
> Mientras tiene bigotera
> un hombre, ha de estar cerrado
> en un sótano.
> (Ac.N., XI, 451b)

383-386. A typical *lacayo* was Bernal Tolosano, traveling without women's favors, ornamental cloth, or servants.

399-402. Tomé is describing one of the customs of the times: the nobility, in this case the *Marqués*, being carried in an armchair by four *lacayos*. Further evidence of this custom is found in *El mármol de Felisardo*:

> Y yo digo que en la silla
> te lleven cuatro lacayos.
> (Ac., XIV, 242a)

403-406. Arco y Garay tells us that it was customary for the *criados* and *lacayos* to address their masters as *vos* (op. cit., p. 597), and Covarrubias adds that the term *merced* is used to apply to "... qualquier hombre honrado... y persona que merece ser honrada. Mercedes las gracias y las dádivas que los señores hazen a sus criados." (Op. cit., pp. 546-547.) It should further be noted that *criados* usually treated their masters as *tú* in privacy, a practice adhered to by Tomé in our work.

407-413. Lope often satirized the scantiness of the Manzanares River — here calling it a "pobre charco oprimido por el puente de Segovia." In *El sembrar en buena tierra,* the banks of the river:

> ...por la falta del río
> descubren yslas de arena.
>
> (Ed. Fichter, lines 2787-88)

414-418. Another reference to the scarcity of water in the Manzanares River. The water reflected in Inés' eyes seemed greater than the actual amount of the Manzanares. Evidently the Inés mentioned here later tossed the *pañuelos* and *cuellos* into the Manzanares, using the river as a receptacle.

420-422. That Lope was an admirer of this hero of the *romances viejos* is well-known. Lope even wrote a trilogy dedicated to Bernardo del Carpio — *Las mocedades de Bernardo del Carpio, Bernardo del Carpio,* and *El casamiento en la muerte.*

424. Colindres was of dark complexion.

427-430. Tomé here alludes to two popular Spanish pastimes, *cañas* and *toros.* It appears that brave Colindres never shied away from the bull, but awaited the beast in a fixed position until its arrival.

431-438. Tomé uses this lengthy metaphor to impress upon Inés the impossibility of his describing the *fiestas* in greater detail. Notice the double meaning of *contar:* in the first instance, "to relate," and in the second, "to count." Simultaneously, Tomé censures tailors ("... faltas a las medidas") and butchers ("... pesos falsos a los pulgares").

439-442. Tomé means that the masters of the *lacayos* gave them the money necessary to attend the *fiestas* in such grand style.

443-449. Tomé assures Inés that the *décima de ejecución,* which is an embargo, attachment or subpoena, will never be levied against the *lacayos* by the *alguaciles,* since the expenses incurred by the *lacayos* at the *fiestas* — including the cost of their lavish wardrobes — will be paid for by their *amos.*

453-456. For another reference to the tragic effects of the *amante ausente,* cf. *Canción de amor* in *Obras escogidas:*

> Cuando ríen las fuentes
> desta alameda,
> va llorando la niña
> celos y ausencia.
>
> (Op. cit., p. 23)

497-502. Nerón. Tomé refers to Nero Claudius Caesar, Roman emperor from 54-68 A.D. during whose unpopular reign the great fire at Rome (64) in one night ravaged the entire city. History records, however, that Nero didn't lose control of his empire until March of 68 when, confronted with a revolt by the Roman Senate, he committed suicide. (Cf. *Encyclopaedia Brittanica,* v. 16, p. 231.)

Further reference is made to Nero and his indifference to the great tragedy of Rome by Sempronio, who recites the following *romance* in *La Celestina:*

> Mira Nero de Tarpeya
> á Roma cómo se ardía:
> gritos dan niños é viejos
> é el de nada se dolía.
>
> (Op. cit., Aucto Primero)

For Sempronio, this popular ballad represents the tragedy of indifference to suffering, symbolized by Nero. *Alexandro.* Alexander the Great, king of Macedonia, after his many conquests throughout Asia Minor was suddenly taken ill after a banquet and drinking spell and died ten days later on June 13, 323 B.C. (Cf. *Encyclopaedia Brittanica*, v. I, p. 571.) *La Armada de Xerxes.* The reference here is made to Xerxes, son of Darius I and ruler of the Persian Empire. In 483 B.C. Xerxes prepared a punitive naval expedition against the Greeks, only to engage the Greek fleet in unfavorable conditions and lose his own fleet at the battle of Salamis on September 28, 480 B.C. (Op. cit., v. 23, p. 840.) *Troya.* In Greek legend Paris, promised the love of the fairest of women by Aphrodite, fell in love with Helen and carried her from Sparta to Troy. To receover Helen, the Achaeans under Agamemnon besieged Troy for ten years. In the tenth year a wooden horse was contrived in whose hollow many Achaean soldiers hid themselves. Their army and navy subsequently withdrew, feigning to have lifted the siege. The Trojans carried the wooden horse into Troy, but during the night the Greeks hidden in the horse stole out and captured Troy. (Op. cit., v. 22, p. 506.) Lope further referred to Troy in his sonnet, "Entre aquestas columnas abrasadas," which ends with these words "... aquí fue Troya la famosa." (Cf. *Obras escogidas*, p. 54.)

Lope's familiarity with Roman and Greek history and with Greek legend has been discussed at length by Rudolph Schevill in his work, *The Dramatic Art of Lope de Vega*. Schevill informs us that Herodotus occupies the first place among historians for Lope, and that stories of Roman history and details of Roman characters and episodes are mentioned repeatedly by Lope in his *comedias*. (Op. cit., pp. 68-69.) Lope obtained his knowledge of famous men of Greek and Roman antiquity from compilations, which in turn extracted their knowledge from historians and biographers like Livy, Tacitus, Suetonius and others. That Tomé, the work's *gracioso*, should know the stories of Nero, Alexander the Great, Xerxes and Troy is in no way surprising since, as Schevill notes, servants, lackeys, and even ruffians were not ignorant of classical things, and this material was the common possession of all people. (Op. cit., p. 70.)

514-515. For another reference to *celos* as victuals, cf. *Canción de amor* in *Obras escogidas:*

> Los celos es un manjar
> que llaman salsa de amor,
> y ansí dicen que es mejor
> de amor, comer y callar.
>
> (Op. cit., p. 46)

519-520. In *Los pleitos de Inglaterra, celos* are again compared with *el despertador* in addition to *el reloj:*

> Son celos para la fe
> reloj que enseña y no ve,
> y despertador del sueño.
>
> (Ac.N., VIII, 498a)

553-556. Cf. note to lines 11-14.

557-561. Often a *cédula*, or written declaration of the *amante's* love, was the equivalent of his secret promise to marry the *dama*. In *El maestro de danzar, El galán escarmentado*, and *¿De cuándo acá nos vino?* all the lovers involved exchanged *cédulas*. In the latter two works, the *damas*, interestingly enough, signed the *cédulas*, a deviation from the usual custom of a man's signing them.

562-568. Often the *galanes* falsely signed *cédulas* only to deceive unsuspecting *damas*, whom they never actually loved. A similar case can be found in *La venganza venturosa*, in which the *Marqués* gives a *cédula* to Felipa, although he has no intention of wedding her.

589-590. *Melindrosa* was a term applicable to those women who spoke and acted with exaggerated decorum and formality. Typical of these women is the protagonist of *Los melindres de Belisa*.

613-614. Lope always wrote *Casa* or *Cassa del Canpo* or *Campo* in referring to this great attraction of the Spanish capital. The entire second act takes place at this locale.

620-622. Another example of this use of *alma* is seen in *El sembrar en buena tierra*:

> Éste sí
> que es apretador, bastante
> a dar el alma una bolsa.
>
> (Ed. Fichter, lines 517-519)

649-650. Gerardo's *hijo* is Marcelo, off to the wars in Milan.

655-663. The following passage in *Las bizarrías de Belisa* closely parallels these lines:

> No has visto cuando dos juegan,
> que, sin conocerse, escoge
> uno de los dos quien mira,
> sin que el provecho le importe,
> y quiere que el otro pierda.
>
> (Ac.N., XI, 441a)

669-672. Covarrubias amplifies the notion of *verde* in these words: "Estarse uno verde, no dexar la loçanía de moço, aviendo entrado en edad." (Op. cit., p. 69.) Green was also symbolic of new or unattained, but hoped for love, a point made by Professor Vernon Chamberlin in his article "Symbolic Green: A Time-Honored Characterizing Device in Spanish Literature." (Cf. *Hispania*, v. LI, p. 29.) Hence Félix in these lines expresses his desire that his love for Blanca will blossom forth and reach full maturity.

673-674. Cf. note to lines 11-14.

678-680. The satires against *novios* and *desposados* are frequent in Lope's dramas. In *La Infanta desesperada* we note the following example:

> Decís tales humildades
> por abonar mi opinión
> que me parece que son
> las primeras necedades;
> pero ya está recibido
> que es fruta de desposados.
>
> (Ac.N., I, 240a)

690-693. The reader must deduce that Juan is a frequent visitor and guest in Gerardo's house.

727-729. Cf. note to lines 11-14.

753-755. Tomé and don Juan make a pun on the words *abraza*, "embraces" and *abrassa*, "burns or annoys."

757-761. Tomé puns the word Blanca, referring to the *dama* and simultaneously to the copper coin worth half a *maravedí*.

771-772. In *Arminda celosa* a similar observation on *celos* is made by the protagonist:

> ...los celos son
> una cierta fantasía
> en que apenas se confía
> el alma de la razón.
>
> (Ac.N., I, 694b)

773-774. Lope in his *soneto* 191, *Obras escogidas*, compares the woman to *sangría*, and attributes to her the same characteristics which he ascribes here to *celos*:

> Quiere, aborrece, trata bien, maltrata,
> y es la mujer, al fin, como sangría,
> que a veces da salud y a veces mata.
>
> (Op. cit., p. 67)

St. dir. after line 774. The Spanish soldiers were renowned for their elegant manner of dress, as Fenisa observes in *El anzuelo de Fenisa:*

> Soldados y españoles, plumas, galas...
>
> (R., III, 376c)

804. Covarrubias defines *obra de cal y canto* as "... la que es firme ... a diferencia de la que se haze de piedra y barro." (Op. cit., p. 170.) Hence, Tomé means that extricating don Juan from his involvement with Teodora and reuniting him with Blanca will be a difficult task.

831-832. That Milan was the scene of constant fighting under Charles I, Felipe III and Felipe IV is a historically recorded fact. It was only under the reign of Felipe II that a calm interlude existed in Milan, and only because military strife was diverted to other lands. (Cf. *The Rise of the Spanish Empire*, Roger B. Merriman, v. IV, p. 473.)

833-845. According to the *Enciclopedia universal ilustrada*, the don Alonso Pimentel referred to by Marcelo is in all likelihood Juan Alfonso Pimentel de Herrera, count of Benavente and viceroy of Naples in 1603. Pimentel captured the leader of the Turks and prepared a naval expedition against them (note reference to *baxaes* — Turkish title of honor — and *baxeles del turco*) in defense of Apulia, a region of southeast Italy ultimately united to the kingdom of Sicily. Pimentel eventually died at the hands of sea-pirates in Italy. (Op. cit., v. 44, p. 949.)

Hector and Aquiles. In Homer, Hector is the most prominent figure among the Trojans as Achilles is among the Greeks. They both, as heroes, signify courage and wisdom, and their enemies fear and respect them. Furthermore, they are always to be found where the battles rage most furiously. (Cf. Oskar Seyffert, *Dictionary of Classical Antiquities*, pp. 2-3, 272.) For Lope's use of Homer, cf. Schevill, op. cit., p. 69.

846-849. The literary war between Lope and Góngora evidently took place during the period from 1617-1625. Just as Lope praised Góngora in our play (1617), so did he also in *El premio del bien hablar*, written in 1625:

¿Cómo discreta? Cicerón, Cervantes,
ni Juan de Mena, ni otro después, ni antes.
...cortés respuesta de persona noble,
ruido de arroyuelo ardiente Febo,
soneto de don Luis, Séneca nuevo.

(Ac.N., XIII, p. 379b)

Joaquín de Entrambasaguas in his *Vivir y crear de Lope de Vega* affirms that Lope and his admirers in 1620 organized a literary gathering in Madrid to which Góngora was not invited, an evident retaliation for Lope's having been ignored at a similar gathering in 1616. The war continued with "... ataques sordos, sátiras anónimas." (Cf. op. cit., pp. 338-339.)

869. Compare the English. "There's hope or time yet." Don Quixote uses these same words to express his belief that in due time Sancho Panza will acquire enough experience which will enable him to be a wise and prudent governor. (*Don Quixote de la Mancha*, ed. Aguilar, p. 1283.)

870. Tomé means *es juebes* in the sense that many unusual things can still happen. (Cf. *Pequeño Larousse Ilustrado*, p. 604.)

874-876. That a kinship exists between Félix and Gerardo's family was established in line 109. Marcelo further states that Félix is a *caballero* from the valley of Mena in the province of Burgos. (Cf. *Diccionario de Autoridades*, v. III, p. 758.)

926-936. Here Blanca tells Teodora that the effect of the *cédula* is non-existent. Possession, and not promises, is important.

940-942. Teodora implies that Blanca, and not don Juan, is attempting to deceive her.

956-957. Tomé, in a comic twist, chooses the word *lenguado* (sole) instead of *lengua*.

963-976 and **985-994**. In these lines Tomé illustrates, with his homespun stories about the *jugador de axedréz*, the *alfaqui de Argel* and the *prólogo* to books and verses, the great necessity of thinking hard before marrying. A similar opinion was expressed in *Los peligros de la ausencia*:

Pero en esto del casar,
como hay tanto que temer,
muy de espacio se ha de ver.

(R., II, 411b)

977-984. Tomé is referring here to the famous Roman poet whose earliest publications, his ten *Eclogues*, were written in the years 43-37 B.C., and later collected under the title of *Bucolica*. Vergil wrote his *Georgics*, or didactic poems on agriculture, in seven years, and it took him eleven years to compose the rough draft of his *Aeneid*. He then, as Tomé suggests, traveled to Greece to polish his work and study philosophy. (Cf. Seyffert, op. cit., pp. 681-682.)

995-1007. The Spanish king in 1617 (the year in which Lope wrote *Lo que pasa en una tarde*) was Felipe III, who ascended to the throne in 1598. In these lines, Tomé is referring to Felipe II. Lope was a great admirer of Felipe II, as bear witness these lines from his poem, A *la muerte del rey Filipo II, el prudente*, reproduced in *Obras escogidas*:

> ...Conoció la Religión
> la Justicia y la Clemencia,
> la Paz, Prudencia, y Templanza,
> la Verdad y Fortaleza.
>
> (Op. cit., p. 84)

1021-1024. Tomé alludes here to a thieving shopkeeper who has aroused the ire of the townsfolk. That the Spaniards were poor shopkeepers and merchants is a fact recorded by Herrero García, who blames this mercantile deficiency on innate laziness. (Cf. Herrero García, *Ideas de los españoles del siglo XVII*, pp. 99-100.) The Spaniards' disdain for any fraudulent or deceitful people is noted in many of Lope's works; cf. *La cortesía de España:*

> ...porque si en España son
> corteses con los amigos,
> dan espantosos castigos
> a quien les hace traición.
>
> (Ac.N., IV, 366b)

1031-1033. Tomé means that don Juan cannot remedy this situation by his sorrowful, plaintive looks; he must speak to Blanca.

1039. Inés can be referring here to *açucar y miel* as well as Blanca and don Juan, who are about to speak.

1040. ¡*Cierra España!* Tomé playfully intones this ancient Spanish war-cry; the two warring fractions, Blanca and don Juan, have been brought together for a confrontation.

1049-1051. Blanca uses *mis ojos* in the endearing sense, "my love," while don Juan obviously uses the expression in its literal sense.

1053-1055. Lope often alluded to the woods, fountains, lakes and gardens of the *Casa del Campo*, built by order of Felipe II. In *La gallarda toledana* we note the following description:

> Pasó el alto Guadarrama,
> desde cuyo frontispicio
> se ven los campos alegres
> de Manzanares ...
> ... a cuya vista se mira,
> entre mil olmos antiguos

NOTES 165

> la hermosa Casa del Campo
> que éste es su propio apellidò.
>
> (Ac.N., VI, 78a)

Also, in *La noche de San Juan* Lope gives another detailed description of the gardens and fountains of the *Casa del Campo*.

1057. Praxiteles was a famous Greek sculptor whose most celebrated work was Aphrodite. (Cf. Seyffert, op. cit., p. 515.)

1060-1061. Aranjuez, located near Madrid on the banks of the Tajo River, is noted for its beautiful gardens. (Cf. *Larousse*, p. 1405.)

1068-1069. Philipo is Felipe III, the son of Felipe II, under whose direction the *Casa del Campo* was built.

1071-1073. Lisipio was the Greek sculptor whose most famous works were of Alexander the Great. (Cf. *Larousse*, p. 1405.)

1075-1079. Felipe III was the grandson of Carlos I of Spain. According to the *Enciclopedia universal ilustrada* Felipe III always gave evidence of his piety and noble sentiments, but he was weak-willed and far less intelligent than his father. During Felipe III's reign, Juan Andrés Doria, one of his sea-captains, captured Algiers in 1604, and Luis Fajardo, another Spanish naval commander, defeated the Spanish enemies in the area of Tangiers in 1614, thereby placing a vast portion of Africa under Spanish domain. In 1601 a campaign against the Turkish and Berber pirates in the eastern Mediterranean was begun, and in 1612 Rodrigo de Silva and Pedro de Lara captured Berber ships carrying 2000 Arabic volumes. The Sultan of Marruecos ("rey de Assia") and Felipe could never reach an accord on the exchange of these volumes for Spanish prisoners held by the Sultan, so the Arabic books were eventually brought to El Escorial by Felipe. (Op. cit., v. 23, pp. 599-601.)

1083-1084. The bronze statue of Felipe III depicts him in battle attire.

1089. The Duque de Florencia was Cosimo de Médici, brought to power by the influence of Carlos I of Spain; de Médici was awarded the city of Siena in 1557 by Felipe II. Such a devotee of art was he, that he purchased many statues and paintings and made gifts of art treasures to museums of his time. (Cf. *Enciclopedia universal ilustrada*, v. 34, p. 66.)

1092. Lope further praised the power of art and the artist in *Barlaán y Josefat*:

> Éste, señor, es pintor,
> que en un lienzo, en una tabla,
> hace con estas colores
> vivas las cosas pasadas.
>
> (Ed. Montesinos, lines 417-420)

1098-1099. Marcelo is eulogizing Juan Fernández Navarrete, also known as *el Mudo* (1526-1572), who was a painter of the court of Felipe II and who, in his works, united Italian dexterity with Spanish realism. (Cf. *Larousse*, p. 1293.) Edgar Maas in his historical treatise, *The Dream of Philip II*, says that Navarrete, although a fine artist, was hardly a Titian or an Antonio Moro. A man of odd ideas, Navarrete often filled his pictures with drawings of dogs and cats, a practice which annoyed Felipe II to no end. (Op. cit., p. 282.) The *enbidia fiera* which Marcelo mentions in all probability is a reference to the great competition among the artists of the time; other painters who enjoyed Felipe's favor were El Greco and Alonso Coello, just to mention two. For another allusion to *el Mudo*, cf. *La octava maravilla*:

> ...aunque ninguno igualó
> a un mudo español, que habla
> por sus figuras, en quien
> puso sus lenguas la fama.
>
> (Ac.N., VIII, 248b)

1104-1105. Lope was a fervid admirer of *Naturaleza* — an obvious Renaissance exhaltation — and he always insisted on its primacy over art. In *El caballero del milagro* we cite the following example of this attitude:

> Es del Cielo el artificio,
> el borrón y la destreza,
> y de la Naturaleza
> los colores y el oficio.
>
> (Ac.N., IV, 146a)

1145-1148. Marcelo's response to Teodora reflects Quevedo's thinking in the following *soneto:*

> Puedo estar apartado, mas no ausente;
> y en soledad, no solo, pues delante
> asiste el corazón, que arde constante
> en la pasión, que siempre está presente.
>
> (Cf. *Obras completas*, v. II, p. 127)

1152-1153. Lope alluded to the blessings of *engaños* in his *soneto* 65:

> ...que porque no me encuentre el desegaño,
> tengo el engaño por eterno amigo.
>
> (Cf. *Obras escogidas*, p. 55)

1154-1160. According to Edith Hamilton, the most famous death and flowery ressurection of Greek mythology was that of Adonis. Aphrodite (Venus) loved him, as did Persephone, the queen of the dead, so Zeus decided that Adonis should spend half the year with each goddess. One sad day Adonis, while huntings, was mortally wounded by a wild boar. Venus rushed to his side after hearing his groan, but he died as she kissed him. Adonis, down in the black underworld, could not see the crimson flower that sprang up where each drop of his blood had stained the earth. (Cf. *Mythology*, pp. 90-91.)

1168-1175. In *La venganza venturosa*, Lope included the text of another *cédula*, the *Marqués'* to Felipe:

> "Digo yo, Arnaldo de Vince ...
> ...Marqués que soy
> de Luisiñano y Rusela,
> que doy mi palabra y fe

a doña Felipa Guerra
de ser su esposo y marido.
(Ac.N., X, 192b)

1188-1189. The Arcadia mentioned by Juan was the legendary haunt and birthplace of the Greek divinity Pan; it was a wild place, full of thickets, forests and mountains. (Cf. Hamilton, op. cit., p. 40.) The inhabitants of the Greek Arcadia were shepherds, and this was the setting for Lope's renowned pastoral novel, *La Arcadia*. Juan means here that although the forest at the *Casa del Campo* may be well-developed, it still won't be sufficient to hide him.

1196-1201. According to Greek mythology, the Minotaur of Crete was a monster, half bull and half human *(humano toro)*. When the Minotaur was born, King Minos of Crete had Daedalus, a great architect, construct the Labyrinth, a place of confinement for the Minotaur. The Labyrinth consisted of twisting paths with no apparent exit, and to this place the young Athenians were each time taken and left to the Minotaur, since at that time Athens was forced to pay tribute to Crete. One Athenian, Theseus, the son of King Aegeus of Athens, was looked upon with favor by Ariadne, the daughter of King Minos. Ariadne told Theseus that she would bring about his escape from the Labyrinth if he would promise to marry her and bring her back to Athens. Theseus agreed, and she gave him a ball of thread *(el ylo de oro,* although no mention is made of its being gold) which he fastened to the inside of the entrance door and unwound as he went further into the Labyrinth. Theseus then found the Minotaur, killed it with his fists, retraced his steps by following the ball of thread, and set sail for Athens with Ariadne and his followers. (Cf. Hamilton, op. cit., pp. 151-152.)

1226-1231. Don Juan, in his appeal to love in general and to the flowers and fountains of the *Casa del Campo* in particular, mentions the mythological legend of Arethusa, a fair young huntress and follower of the Goddess Artemis. One day the God of the River, Alpheus, surprised Arethusa while she was bathing and began to pursue her. Arethusa wanted no part of Alpheus and his amorous advances, and she called out to Artemis for help. The latter changed Arethusa into a spring of water, and Arethusa plunged down and emerged in Ortygia, an island which formed part of Syracuse, Sicily. Hence, the sacred spring of Arethusa. But Alpheus changed into a river, followed her through a tunnel, and his water now mingles with hers in a fountain. (Cf. Hamilton, op. cit., p. 116.)

1240-1243. The Conde de Lemos, a renowned Spanish political figure, was Pedro Fernández de Castro Andrade y Portugal, as well as the Marqués de Sarria. He was born in 1576 and died in 1622, and was the nephew and son-in-law of the Duque de Lerma. A man of letters, he studied at the University of Salamanca and was later named president of the *Consejo de Indias, Consejo de Italia,* and Viceroy of Naples. The *Conde,* a devotee of the arts, was a friend and patron of such celebrated *literatos* as Góngora, Espinel, and Mira de Amescua. Even Quevedo called him "la honra de nuestra edad," and Cervantes dedicated *Los trabajos de Persiles y Segismunda* the *Novelas ejemplares, Comedias y entremeses,* and the second part of *Don Quixote* to him. (Cf. *Enciclopedia universal ilustrada,* v. 23, p. 778.)

1248-1250. According to Covarrubias, "setiembre es el séptimo (mes) en orden empeçando desde marzo." (Op. cit., p. 27.) Hence don Juan's entering the *jardines* comes at a time when their flowers are in full bloom, and natural beauty is everywhere evident.

1255-1258. The *dueño de las fiestas* was the Duque de Lerma, don Francisco Gómez de Sandoval y Roxas, father of the Conde de Saldaña and uncle and father-in-law of the Conde de Lemos, both of whom are likewise favorably mentioned by Lope in our play.

1267-1290. Don Juan, in this discussion, declares that the *comedia* which the Conde wrote for the *fiestas de Castilla*, entitled *La Casa confusa*, surpasses, in its intention of adhering to the traditional precept of not allowing tragic elements to appear in a comedy, but at the same time producing a comedy which is pleasing and entertaining to the *público*, the works of Plautus and Terence, two famous Roman writers of *comedias* who followed this classical precept to the letter in their works. He also adds that Spain, throughout its history, has never had to depend entirely upon Latin or Italian poetry, since it has always had its own innate, native poetry. Don Juan's statements, in effect, echo Lope's sentiments about the *comedia* in general, and in particular the superiority of the Spanish *comedia* of his time to the classical works.

For Luis C. Pérez and F. Sánchez Escribano, Lope's most important dramatic precept, as expostulated in his *Arte nuevo de hacer comedias*, is that of enteratining. (Cf. *Afirmaciones de Lope de Vega sobre la perspectiva dramática*, p. 189.) Thus Lope defends the mixture of comedy and tragedy by stating that the purpose of the *comedia* is to entertain:

> Lo trágico y lo cómico mezclado,
> y Terencio con Seneca aunque sea
> como otro Minotauro de Pasife,
> harán grave una parte, otra ridícula:
> que aquesta variedad deleyta mucho;
> buen exemplo nos da la naturaleza,
> que por tal variedad tiene belleza.

(Cf. *Arte nuevo*, line 174. In H. J. Chaytor's *Dramatic Theory in Spain*)

Menéndez Pelayo considers the *Arte nuevo* a shameful retraction and recantation made by Lope. He further declares that we must remember that Lope was a man of two parts: the popular Spanish poet, and the artistic poet, well educated in the Latin and Italian traditions. For this reason Lope, at the time of creating his *Arte nuevo*, was undergoing an interior struggle, a struggle between the interior demon which made him produce a new art, and the exterior classical learning, whose validity he had never doubted. (Cf. Marcelino Menéndez Pelayo, *Historia de las ideas estéticas en España*, p. 295.)

Menéndez Pidal refutes this theory and believes that Lope always doubted the classical precepts which he had learned during his youth. Menéndez Pidal reasons that Lope always believed that art was inferior to nature, and that the modern dramatic poet should ignore the ancient artistic precepts. For Lope, the young dramatist, art meant merely the sum total of traditional precepts — useless for the most part — which guided the dramatist. Lope, then, according to Menéndez Pidal, declares in his *Arte nuevo* that he has lost respect for Aristotle in order to better imitate nature and life, and for this reason Lope permits in his tragi-comedy the mixture of noble and plebian elements. This social mixture in drama was condemned by practically all the traditionalists of Lope's time, but for Lope, that which truly conformed with natural beauty was the *comedia* which contained the harmonious blending of Seneca and Terence, that is, the tragedy and the comedy in which all social classes are duly represented. (Cf. Ramón Menéndez Pidal, *De Cervantes y Lope de Vega*, pp. 77-83.)

For Zamora Vicente, the *Arte nuevo* is not, as Menéndez Pelayo stated, a retraction or a recantation, but a firm affirmation. (Cf. Alonso Zamora Vicente, *Lope de Vega, su vida y su obra*, p. 227.) Zamora Vicente, like Menéndez Pidal, believes that Lope always doubted the traditional precepts, useless precepts which could only disfigure the life which Lope saw around himself. For Lope, the mixture of comic and tragic elements is necessary for the pleasure and entertainment of modern man, because in the final analysis Lope sought most to place the *comedia* in the mainstream of life.

Lope thought that Spanish poetry was excellent and that the Spaniards were talented poets, as bear witness these lines from *Porfiar hasta morir:*

> Tienen gracia y agudeza
> los expañoles, maestre,
> en hacer versos.
>
> (R., III, 103c)

1275. Juan here makes a direct reference to Lope, *el Fénix de los ingenios,* and the *autor* of *El Peregrino en su patria,* a bizantine novel of the *Persiles* mold.

1291-1293. The Castillian court of Juan II (1419-1454) became a literary center where troubadour poetry was cultivated in Castillian. This poetry was noted for its technical virtuosity and gave rise to the first *culta* school of Castillian poetry. (Cf. Diego Marín, *La civilización española*, p. 91.)

1294-1296. That Francisco de Francia bestowed his generosity on artists and humanists during the first twenty years of his reign is well-known. He attracted to France a large number of Italian painters and sculptors and authorized the establishment of the Royal Scholars, an institution which was later to develop into the *Collége de France.* The arts enhanced Francisco's own life which itself was colorful in the Renaissance manner first realized in the princely courts of Italy. It was here that Francisco first developed an appreciation for Petrarchan verse form and poetic expression. (Cf. *Colliers Encyclopedia*, v. 10, p. 315.)

1297-1300. Caesar Octavius, better known as Augustus Caesar, was the ruling Roman emperor from 31 B.C. to 14 A.D. The Augustan age of literature and art is justly celebrated, and Augustus was a patron of the poets and encouraged them to devote their talents to propagating the ideals of the new age. During Augustus' reign, Vergil celebrated the divine origins of Rome and similarly praised Augustus. (Cf. *Encyclopaedia Britannica,* v. 2, p. 761.)

1302-1304. The Conde de Saldaña, whose title comes from the kingdom created in 1479, was the son of the Duque de Lerma, and evidently a devotee of letters in his own right. In the following quote from Agustín de Amezúa's *Epistolario de Lope de Vega, tomo III,* we find this description of the *Conde:*

> Madrid, mediados de septiembre de 1617. Ayer halle al Conde de Saldaña en una calle, acasso; hauia dias que no le veia; cierto que es un retrato de su padre, discreto, amoroso, cortes, dulce, afable y digno de particular consideracion en esta edad; dixome de sus fiestas para Lerma (las de Castilla) y me mandaua servirle.
>
> <div align="right">(Cf. José Lope Toledo, <i>El poeta Francisco López de Zárate</i>, p. 53)</div>

Lope dedicated the *prólogo* of *La Jerusalén conquistada* to the Conde de Saldaña.

1305-1309. Gerardo is repeating a similar idea expressed by Marcelo in lines 1096-1097.

1316-1322. Lope often spoke about the nobility and richness of the Spanish language, and he criticized those who considered it unworthy for the expression of lofty concepts. (Cf. Arco y Garay, op. cit., p. 663.) Fray Luis de León, in his prologue to *Los nombres de Cristo*, similarly defended the Castillian language.

1348-1353. That art can compete favorably with nature is a point made by Lope in *Los Ponces de Barcelona*:

> Pintor era el padre mío,
> arte tan noble, que basta
> decir que a Naturaleza
> tal vez enmienda las faltas.
>
> (Ac.N., VIII, 572b)

Blanca uses the word *quadros* to refer to the lovely flower beds of the *Casa del Campo*, so beautifully arranged by the *jardineros* that they resemble the essence of flowery springtime *(la segunda primauera)*. In this sense, the gardeners are the artisans who so skillfully employ natural beauty.

1356-1377. Alonso in *El sembrar en buena tierra* makes the following observation on the custom of elderly people to recall their youthful adventures and their desire to relive the past:

> ¿No ves tú que a las mugeres
> la edad más presto atropella,
> y que el verse cada día
> vn día, Lisardo, más,
> las haze bolber atrás
> de su loca fantasía?
>
> (Ed. Fichter, lines 1193-1198)

1379-1381. Gerardo is saying that in old age *(canas)* there are no love affairs, only remembrances of past affairs.

1382-1383. Gerardo is referring to the three Graces (note pun on *graçias cortesanas* and *tres graçias*) of Greek mythology. They were a triple incarnation of grace and beauty; the Gods delighted in them and happy was the man they visited. (Cf. Hamilton, op. cit., p. 37.)

1413. The ostrich when frightened buries its head in the ground. For Tomé, Blanca's rash act of eating the *cédula* implies a refusal to deal with reality.

1414-1421 and **1426-1428.** As Professor Montesinos informs us, Lope's frequent references to historical or heroic ethics explain many passages in his dramas which we would never otherwise understand. Passions, virtues and vices are justified according to their ability to be referred to history, and the source of history frequently referred to by Lope was the humanistic literary composition called the *Officina* of Ravisio Testor. (Joh. Ravisti Testoris, Nivernensis ..., *Officina sive Theatrum historicum et poeticum* ..., Basileae sumptibus Ludovici Regis, MDCXXVI.) In Lope's time, that which had previously been a serious ethical conviction began to be an ornamental element, and the fascination for the great examples of virtue gradually evolved into a casuistry of human togetherness, ever mindful, however, of the examples of the humanistic literary compositions. Of course the suggestive power of rare names had much to do with the repeated reference to these compositions. Montesinos says that even to parody himself, Lope refers to the *Officina* in these lines of our play (Cf. *Barlaán y Josefat*, T.A.E. pp. 241-245), but Tomé, of course, accentuates the comedy of the moment with his references.

1422-1425. In *Los hidalgos del aldea* Lope further commented on the affinity between *hidalgo* and *pobre*:

>El ser hidalgo es el diablo,
>para que sospecha cobre,
>que parece que ser pobre
>anda con este vocablo.
>
>(Ac.N., VI, 299b)

1429-1435. Tomé's outburst against the envious, gluttonous and jealous reflects Quevedo's moral lesson in his *soneto moral, Enseña cómo no es rico el que tiene mucho caudal:*

>quitar codicia, no añadir dinero,
>hace ricos los hombres ...
>Al asiento del alma suba el oro,
>no al sepulcro del oro l'alma baje,
>ni le compita a Dios su precio el lodo;
>decifra las mentiras del tesoro,
>pues falta (y es del cielo este lenguaje)
>al pobre mucho, y al avaro todo.
>
>(Cf. *Obras completas*, p. 28)

1438-1442. In the picaresque novels of the sixteenth century the primary attack against the religious was against their lack of morality, as in *La pícara Justina*. We notice occasional attacks against the clergy in some of Lope's works but, as Arco y Garay insists, such criticism in indeed infrequent, considering the number of Lope's *comedias*. (Cf. Arco y Garay, op. cit., p. 88.)

1513-1515. Marcelo, in his appeal to the trees, flowers and gardens of the *Casa del Campo* evokes mythology. Originally the Latin Goddess of Spring, Venus presided over flower-gardens and vines. Her earliest Roman name was *Murcia*, later interpreted as *Myrtea*, Goddess of the myrtles. (Cf. Seyffert, op. cit., p. 681.) Hence, the Spanish equivalent of the *flor de venus* is the *arrayán*, the *mirto*, or the *murta*.

1518-1520. The feast day of Venus, the Goddess of Love, was especially honored in Cyprus (*Chipre*), the island which first received her after she rose from the foam. (Cf. Hamilton, op. cit., p. 110.)

1543-1549. The relationship between *amor y voluntad* is further noted in *Enmendar un daño a otro:*

> Quien ama es la voluntad,
> y ésta siempre se ha movido
> por las acciones ajenas;
> de modo que si yo obligo
> la voluntad de la dama,
> que haya de amarme es preciso.
>
> (Ac.N., V, 297a)

1578-1581. In these lines Marcelo equates Teodora (*aspid fiero*) with Daphne who, according to Ovid, was changed into a laurel tree by her father in order to escape from the pursuing Apollo. (Cf. Hamilton, op. cit., pp. 114-115.) Schevill tells us that Ovid was well-known to Lope and served Lope with information about tales of mythology. (Cf. Schevill, op. cit., p. 69.)

1586-1591. Just as Apollo pursued Daphne, Marcelo pursues Teodora, and just as the laurel into which Daphne was changed became Apollo's favorite tree, Marcelo clings to the hope that one day he will be joined with Teodora, even as a fountain by his side, since the laurel, given by Apollo to his victors, seems out of Marcelo's grasp.

The defective verses in this *soneto* are 1586 and 1589. In line 1586, it appears that Lope first wrote *pero*, then crossed this word out, and wrote *mas*. At the end of the same line, the words *por nombre darme*, almost illegible, have been crossed out and replaced with *por no darme*. In line 1589, Lope seems to have written *prefiero* at the beginning of the line, then crossed this word out and added, above his erasure, *ni puedo yo, tendre yo*.

1604-1605. *Misterios y recelos* are commonplace in love, and the following advice from *Quien ama no haga fieros* could here be applied to Félix:

> La satisfacción
> ha de quitar los recelos:
> y los celos han de ser
> tales, que callarlos pueda
> el que los tiene ...
>
> (R., I, 447b)

1635-1636. The power of love is manifest in the following line from *El despertar a quien duerme:*

> Todo quien ama lo puede.
>
> (R., III, 355a)

Compare also the English, "Love conquers all."

1640. The *gracioso's* facility for coining new words, that is, words not listed by the dictionaires (*desamado* is not listed in Covarrubias, in the

Diccionario de autoridades, or in modern dictionaries), is quite evident in Lopean drama. As Fichter states, the meanings of these new words are clear (Cf. *El sembrar en buena tierra*, p. 161), as is the case with *desamado*, meaning "without *amo*."

1642-1647. From these lines we can assume that it was a custom of the *pícaros* of Lope's time to congregate at walls and pass the time of day there during good weather; evidently, they even gathered at broken walls (*lienzo roto*) thereby inheriting this space from those families whose estates bordered on the broken walls. Lope gives an excellent description of the picaresque life in *El Gran Duque de Moscovia*:

> Y ¿que no quieres saber
> lo que es pícaro, y comer
> como gavilán, en peso?
> ¡Ay, dichosa picardía!
> ¡Comer provechoso en pie!
> ¡Ah, dormir gustoso y llano,
> sin cuidado y sin gobierno,
> en la cocina el invierno,
> y en las parvas el verano!
>
> (R., IV, 269b)

1656-1659. That love admits of no *antojos* or similar *ligerezas* was a point made by Lope in *El anzuelo de Fenisa*:

> Amor no es calidad, gusto, ni fuero;
> amor no es regidor ni caballero;
> · amor es consonancia y armonía
> que hacen el deseo y la hermosura.
>
> (R., III, 393b)

1676. *Picar* was commonly used in *siglo de oro* parlance with the figurative meaning of *enamorar* (English, "to be bitten"), although the dictionaries do not record the word in this sense. Don Juan's use of the word here can correspond to this meaning as well as to the recorded meaning, "scorched."

1677-1678. Note Tomé's comical response to don Juan's description of his plight. The former's answer involves foodstuffs in his parody of don Juan's feelings.

1705. Just as the bull is excited and enraged when it sees the *capa*, don Juan is angered when he sees Félix wearing the *vanda* which he had previously given to Blanca.

1716-1720. That one in love is capable of *engaños* is seen in *Los milagros del desprecio*:

> ¡Qué dulzura
> que tiene para engañar
> el que llega a enamorar!
>
> (R., II, 236b)

Don Juan, thinking that Blanca loves Félix, accuses her of this *engaño* and the subsequent *enrredo*.

1734. Inés makes a pun on the word *pies*: the feet of a line of poetry, and her own feet.

1735-1755. Tomé appears to be recalling here the mythological tale in which Jupiter or Zeus, in love with the maiden Aegina ("amor de Eçina ciego;" *ciego*, since he was Hera's husband), took the form of a mighty eagle (*el ladrón sútil*) and carried her off (*la ninfa*) to an island. Sisyphus, the King of Corinth, told Asophus, Aegina's father, that he had seen Jupiter carrying Aegina, and for his betrayal of Jupiter he drew down upon himself the wrath of the chief of the Olympians. Aegina's father went to the island, but Jupiter drove him away with his thunderbolt (*fuego*). (Cf. Hamilton, op. cit., p. 298.)

Tomé further embellishes this tale in a comical manner by adding his own bit of folklore when he states that just as Jupiter (the eagle) left marks in the legs of Aegina when he carried her off, the chief of gods has continued to leave his mark on women's legs. (Lines 1752-1755.)

1756-1761. Covarrubias informs us that water, in Divine Letters, signifies the Holy Ghost, and according to Christian rite water washes away original sin at baptism. When added to wine by a *moza (henbra)*, it produces a *vinillo*, "muy floxo y de poca sustancia" (op. cit., p. 7) thereby spoiling the wine ("venze el agua, si se junta al vino").

1767-1769. i.e., the letters in the word *amor* are the clock's numbers, and the arrows of Cupid are the clock's hands. Tomé has referred to *un relox* and *las oras del amor* since the afternoon is rapidly drawing to a close. (Cf. line 519.)

1788-1795. In *El guante de doña Blanca* we learn not to pay attention to women's tears:

> ¡Oh lágrimas de mujer,
> pólvora sorda sin truenos,
> artillería con agua,
> que no con balas de fuego!
>
> (R., III, 29b)

1798-1801. A similar attack against the wiles and deceits of women is found in *La mocedad de Roldán:*

> Tras ser ruines las mujeres,
> ¿qué sabrán, sino mentir?
> ... sírvense de la corteza
> de engañar y de mentir.
>
> (Ac., XIII, 223a)

1804-1807. A comment on the power of a typical *hechicera* and a description of her witchcraft are found in *Los amantes sin amor:*

> Pone clavos en el fuego,
> hace dos mil oraciones,
> perfumes, destilaciones ...
> Echa suertes ...
>
> (Ac.N., III, 157b)

1808-1811. Another of Lope's occasional attacks against elderly women who refuse to accept their age is found in *La bella Aurora*, as Fabio makes the following comment in reference to Aurora:

> Que era fea confesó
> pero calló que era vieja,
> que hasta el eco en las mujeres
> la edad y los años niega.
>
> (Ac., VI, 236a)

1812-1831. Another note of an older woman who refuses to accept the privations associated with old age, and who even finds in her old age blessings and enjoyment usually reserved for the young is found in *La venganza venturosa:*

> Moza he visto pelinegra
> que en la vejez está rubia
> y con los mozos se alegra.
>
> (Ac.N., X, 189b)

1837-1842. That *celos* can be employed to awaken the dormant love of a *dama* is seen in *Nadie se conoce:*

> Cuando un hombre está quejoso
> del agravio de su dama,
> del olvido codicioso,
> por venganza finge que ama
> y se entretiene celoso.
>
> (Ac.N., VII, 682a)

1845. i.e., "Love has more moves than a chess pawn."

1898-1899. Marcelo is referring to the *fuentes (ellas)* and to the *quadros (ellos).*

1908-1911. Marcelo means that each nail in the horseshoe is a nation subject to Spain and Felipe III's rule.

1912-1915. Although the Turks, Berbers, Africans and parts of the *Países Bajos* were subject to Spain and Felipe's rule, these parts of the empire were in constant rebellion against Spanish domination *(al suyo opuesto).*

1916-1923. In *La noche de San Juan* Lope describes some of the riches to be found in the Spanish Indies:

> Allí las piedras se ven
> de tantas minas sacar,
> y las perlas en el mar
> blancas y pardas también ...
>
> (Ac.N., VIII, 143a)

In other plays mention is made of the huge precious stones brought back from the Indies. In *El testigo contra sí* we read of the:

> ...esmeraldas del tamaño
> de un huevo.
>
> (Ac.N., IX, 711a)

1949-1951. i.e., poor Félix, seated at the edge of the fountain, contributed his tears of sorrow to the waters of this fountain.

1957. Lope always used the conjunction *u*, which he wrote as *v*, where today *o* would be required. Professor Fichter notes that Lope almost invariably used *v* before *da-*. In *El sembrar en buena tierra*, Lope wrote "años v daños" in line 1035. (Cf. Fichter, op. cit., p. 180.)

1968-1971. Blanca means that if she arrives on the scene with don Juan and Teodora, don Juan will have his vengeance; but she obviously prefers to be the one who is avenged. Vengeance, as we learn in *El caballero del Sacramento*, is one of the two prime possessions of the woman:

> Que dos cosas tengo yo
> muy propias de las mujeres
> que son envidia y venganza.
>
> (Ac., VIII, 463a)

1976-1978. Félix was previously reprimanded by Blanca for being so bold (lines 1664-1668); she now, to avenge herself of don Juan, feigns to love the unwitting Félix again.

2005-2007. Tomé, as the comic foil of his master, means in these lines that no divine being will impede don Juan from his suggested rash act *(tate* meaning "con cuidado, párese Vd.")*. In the final chapter of *Don Quijote*, Cide Hamete admonished his pen to say to all future historians:

> ¡Tate, tate, folloncios!
>
> (*Don Quijote de la Mancha*, ed. Aguilar, p. 1523)

2008-2010. Note the pun on *abrasar*; don Juan uses the word in the figurative sense, "to be agitated by passion," and Tomé, as can be expected, in the literal sense, "to be burned."

2024-2026. That reference is made to Ludovico Ariosto's *Orlando Furioso* should not seem strange, since Lope knew the *Orlando Furioso*, and his epic-narrative poem *La hermosura de Angélica*, a twenty-canto continuation of Ariosto's work, describes the lives and adventures of Angélica and Medoro. Don Juan, desperate and disconsolate at his apparent loss of Blanca, recalls the scene from *Orlando Furioso* in which Orlando, having learned of Angélica's marriage to Medoro, becomes insane, and full of:

> ...odio, rabbia, ira e furore...
> Taglió lo scritto e 'l sasso, e sin al cielo
> a volo alzar fe' le minute schegge.
> Infelice quell' antro, et ogni stelo
> in cui Medoro e Angelica si legge!
> Cosí restar quel dí, ch ' ombra né gielo
> a pastor mai non daran piú, né a gregge;
> e quella fonte; giá sí chiara e pura,
> da cotanta ira fu poco sicura.
>
> (Canto XXIII, stanzas 129-130)

2029-2031. The repeated use of the exclamatory word *que* emphasizes the dramatic content of don Juan's lament. This device parallels the repeated use of *por qué* by Pleberio in *La Celestina* to emphasize his lament over the death of Melibea. Schevill tells us that Lope often imitated scenes from

La Celestina for dialogue effects and for expression of sheer passion and emotion. (Cf. Schevill, op. cit., p. 71.)

2035-2036. That a woman is changeable is a point made in *Querer la propia desdicha*:

> No hay cosa más sujeta a destemplanza
> que es el sujeto de mujer ...
> mudan de parecer, viéndose juntos
> la inconstante fortuna y la mudanza.
>
> (R., II, 280c)

2040-2043. In *La dama boba* we find another example of love as *divina invención*:

> ¡Amor, divina invención
> de conservar la belleza
> de nuestra naturaleza,
> accidente o elección!
>
> (Ed. Schevill, lines 2033-2036)

2075-2077. A similar thought is expressed in *La corona Merecida*:

> Amor la imaginación
> engendra, y ella a los celos.
>
> (Ed. Montesinos, lines 1469-1470)

2080-2095. The power of *imaginación* is described in *El honrado hermano*:

> Antes la imaginación
> es más fuerte que la vista;
> que no hay fuerza que resista
> nuestra propia inclinación.
>
> (Ac., VI, 371b)

2097-2103. In effect, to the debtor, time is short, while to the creditor, time is long.

2122-2125. There is no mention of the *hermanos de Antón Martín* as a religious order, but the *Enciclopedia universal ilustrada* does list the order of *Monjes Antonianos y Alepinos* (Maronite Antonius), founded by San Antonio (Antón) Abad in 310. (Op. cit., v. 40, p. 174.) In any case, it appears from these lines that members of this group were accustomed to accompanying the recently deceased during burial services.

2132-2136. Don Juan's situation reminds us of the lover's lament in Lope's *soneto* 168:

> Si verse aborrecido el que era amado
> es de amor la postrera desventura,
> ¿qué espera en vos, señora, qué procura
> el que cayó de tan dichoso estado?
>
> (Cf. *Obras escogidas*, p. 65)

2158-2162. Compare the English, "The dead don't tell tales." Don Juan's preoccupation with *chisme* is again observed in lines 2535-2537.

2182-2183. Gerardo makes a pun on *fin:* meaning purpose (for don Juan's *luto*) and death (of his aunt).

2186-2188. Another pun, this one on *sentir.* Don Juan means that he is not complaining because of not inheriting from his aunt, and Tomé means that don Juan is mourning her death.

2241-2243. Inés refers here to don Juan and Teodora, who at the end of Act II carried on like true lovers, all for Blanca's benefit.

2247. That love is a force which holds all reason as captive is a point made in *Quien más no puede:*

> Es una dulce pasión,
> de los sentidos empleo,
> donde es tirano el deseo
> y es esclava la razón.
>
> (Ac.N., IX, 121b)

2268-2275. In *El cardenal de Belén* Lope makes a further comparison between *amor* and *niño:*

> Amor es un niño
> tan tierno y tan lindo,
> que las almas heladas enciende
> y es de sus penas descanso y alivio.
>
> (Cf. *Obras escogidas,* p. 22)

Another observation on *amor* and *celos* is noted in *Las bizarrías de Belisa:*

> ...porque como es imposible
> que haya amor sin celos, y ellos
> venganza de agravios piden,
> es fuerza que entre la ira
> adonde el amor la admite...
>
> (Ac.N., XI, 455a)

2290-2291. Don Juan means, in essence, that all his amorous hopes are now in Blanca's hands.

2292-2295. According to popular superstition, blue was the color symbolic of *celos;* as we note in Lope's *soneto* 50:

> Azules son, sin duda son dos cielos
> que han hecho lo que un cielo no podía,
> vida me da su luz; su color, celos.
>
> (Cf. *Obras escogidas,* p. 54)

Presumably, green was symbolic of *esperanza* in love, a point made in *Lo cierto por lo dudoso:*

> ...Pierde
> loca esperanza, el color;
> y del luto de mi muerte

> o de lo azul de mis celos
> esmalta sus hojas verdes.
>
> (R., I, 466a)

For a further discussion of symbolic green, cf. note to lines 669-672.

2296-2299. Don Juan has told Blanca that at one time his love for her was *verde*, that is, young and full of hope. He now proceeds to praise *lo verde* to Blanca in his metaphor. It is the snow, mocked by the green field, which retires to the *cabezas de los montes* and observes from there.

2304-2307. For another reference to the affinity of *amor* and *voluntad*, cf. lines 1543-1549.

2310-2311. In this metaphor, Blanca is the constant, ever faithful lover *(de bronce)*.

2312-2313. Blanca means that she had little *esperanza* during don Juan's absence.

2316-2321. In this interesting passage Blanca equates don Juan's love for Teodora with darkness, and similarly, his return to her (Blanca) with light; just as night evolves into light, don Juan has passed from false love of Teodora to true love of Blanca.

2332-2335. Lope often expressed his displeasure with *poetas de obra gruesa* as well as with the *poetas superabundantes* of his time, whose fame consisted of many verses, but little substance. A typical attack is found in *El laberinto de Creta*:

> ...mando que tenga un soneto
> treinta versos ...
> ...porque a poetas de agora
> les dan cámaras de versos.
>
> (Ac., VI, 140a)

2338. Tomé imagines Julio, Félix's servant, as a rival for the hand of Inés. He is saying, in effect, that it is impossible for him to lose this Julio, since the latter seems to be everywhere.

2340. Covarrubias applies the term *bachiller* to "... el que es agudo hablador y sin fundamento." (Op. cit., p. 111.) Lope quite frequently used this word to apply to women in general, as we notice in Belisa's reproach of her daughter Fenisa in *La discreta enamorada*:

> No repliques, bachillera.
>
> (R., I, 155a)

2344-2345. It is interesting to note that Inés, Blanca's maid, is from Talavera (cf. line 3008), praised for its kitchenware in other works of Lope's; in *Los ramilletes de Madrid* Fabio, the *gracioso*, makes the following remark to the maid, also named Inés:

> Por ti dijo el gran Liñán,
> aquel ingenio divino:
> "Tanto lustre y gracia reina
> en lo que friega Inesilla,

> que parece su vajilla
> Talavera de la Reina."
>
> (R., IV, 303c)

It is equally interesting to note that Tomé may be making a pun on *friegas*, with obvious reference to Inés' hands and possible reference to the duties of the *fregona*.

2399-2401. Note this interesting reversal of the popular English addage: "Better to have loved and lost than never to have loved at all."

2406-2409. The effects of *amor y callar* are shown in Lope's *Canción de amor* from *Obras escogidas*:

> Gil, no me dejan hablar;
> yo moriré de temor,
> que no hay tristeza en amor
> como sufrir y callar.
>
> (Op. cit., p. 45)

2456-2459. No matter who the woman is, or how perfect she may appear, she is still susceptible to *celos*, as we learn in *La burgalesa de Lerma*:

> Celos, en fin, o demonios,
> ...que a tantas nobles mujeres
> levantan mil testimonios.
>
> (Ac.N., IV, 35a)

2460-2463. Félix uses this metaphor to show how easily a man's honor can be offended in the game of love. Honor is the fabric easily stained ("con el agua se mancha") when love is firmly entrenched ("como es morado amor").

2466-2467. Note Félix's puns in this passage on Blanca, the heroine; *blanca muger*, a spotless or faithful woman, completely devoid of *celos*; and *blanco*, target, referring to Blanca's love.

2468-2471. Félix's bitter comment on the wiles and slyness of women remind us of these lines from *Los ramilletes de Madrid*:

> Unas bellaconas que hay...
> que toman de éste el tabí
> de aquél el sutil cambray,
> ya la joya y ya el regalo,
> y a todos dicen: "Vos solo
> sois mi dueño, sois mi Apolo."
>
> (R., IV, 304b)

2472-2475. Dowries were frequently mentioned in Lope's plays, and F.O. Reed informs us that the sum most frequently mentioned as the dower is 30,000 ducats, as in *Las bizarrías de Belisa* and *Los melindres de Belisa*. (Op. cit., p. 127.)

2485-2486. In *La dama boba*, *celos* are similarly portrayed as "ese agravio de amor." (Ed. Schevill, line 1808.)

2500-2503. The evilness of *celos* is emphasized by Finea in *La dama boba*, who, when she is told that they are the *hijos de amor*, makes the following comment:

> El padre puede dar mil regocijos,
> y es muy hombre de bien; mas desdichado
> en que tan malos hijos ha criado.
>
> (Ed. Schevill, lines 1810-1812)

2510-2511. The writing of the marriage contract in the presence of the notary in mentioned in several of Lope's *comedias*. In *La mal casada* we note the following lines:

> Pues hagamos la escritura;
> ...Habladla, y daré la vuelta
> con el notario.
>
> (R., II, 295c)

2516-2519. Marriage without parents' foreknowledge was a grave offense and a violation of accepted custom, as these lines in *La venganza venturosa* indicate:

> Quien se precia
> de las costumbres que dices,
> no se casa sin que sepan
> los padres su casamiento...
>
> (Ac.N., X, 191b)

2536-2537. The attacks on the *vulgo* were quite common in Lope's works. For Lope, the *vulgo* was the enemy of man's honor, a point made in *El castigo del discreto:*

> ...al vulgo, infamia de nobles.
>
> (Ac.N., IV, line 3278)

2538-2557. In *¡Ay verdades, que en amor!* we learn that constantly changing news was a characteristic of Madrid:

> En Madrid, como a porfía,
> amanecen cada día
> tres cosas hasta las pruebas:
> mudanzas, arbitrios, nuevas.
>
> (Ac.N., III, 521b)

2573. Inés sees a classical similarity in the case of Odysseus (whose Latin equivalent is Ulysses) who, when prevailed upon to take part in the expedition against Troy, tried to escape his obligation by feigning madness. (Cf. Seyffert, op. cit., p. 421.)

2600. These are two common herbs mentioned by Inés.

2602-2604. The dramatic reversal of fortune causes such comments on *desdicha*, as was the case with Teodora in lines 2399-2401.

2609-2611. Blanca here makes a double reference to deadly herbs, which would end all of her problems, and medicinal herbs, which would end her momentary, feigned illness.

2615. Of the *romances artificiosos o artísticos* composed by poets of the sixteenth and seventeenth centuries, Menéndez Pidal cites the following *canción épico dramática* as an example of the *romance de mal maridada:*

> La bella mal maridada
> de las lindas que yo vi,
> mírote triste, enojada,
> la verdad dila tú a mí.
>
> (Cf. Bleiberg y Marías, op. cit., p. 697)

Cotarelo y Mori informs us that the couplet:

> La bella malmaridada
> de las mas lindas que vi ...

seems to have originated at the end of the fifteenth century (cf. NRAE, v. III, p. XXV *del prólogo*), and that Lope uses the couplet as the source of his *comedia* of 1609, *La Bella malmaridada*:

> CONDE. ...tan hermosa os hizo Dios,
> sin duda dirán por vos
> la Bella malmaridada ...
> de las mas lindas que vi.
>
> (Ac.N., III, p. 617b)

In *Lo que pasa en una tarde* Blanca uses the second line of the couplet to refer to Félix, the despised suitor.

2628-2629. *Fingir* as a prime characteristic of the woman is noted in *Nadie se conoce*:

> Mujer, fingir y nacer,
> a un tiempo suele salir.
>
> (Ac.N., VII, 684b)

2644-2645. Covarrubias defines *triaca* in this way: "vn medicamento eficacíssimo compuesto de muchos simples, y lo que es de admirar, los más dellos venenosos, que remedia a los que están emponzonados con qualquier género de veneno." (Op. cit., p. 54.)

2656-2659. Blanca in her feigned madness means that losing don Juan, her lover, was tantamount to death for her, but the herbs will now bring him back to her in that they will give the two lovers time to plot a reconciliation.

2666. As Professor Montesinos informs us, the *comedia* occasionally becomes self-conscious in the words of the *gracioso*; it momentarily ceases to offer reality to the audience and makes references to its own procedure. (Cf. *El marqués de las Navas*, T.A.E., p. 197.) Mendoza, the *gracioso* in *El marqués de las Navas* comments on verses:

¡Qué bien que sabe la Clara
socorrer con agua al fuego!
No encajara Celestina
mejor aquellos dos versos.

(Lines 783-786)

2669. i.e., the loss of don Juan, here the *médico*, has been the cause of Blanca's illness.

2674-2675. In essence, Blanca asks, "Who needs don Juan as the disguised priest to sing this sad lament?" The *Enciclopedia universal ilustrada* informs us that the so called Padre Belerma is an individual with a cowl and hood who looks like a Dominican priest and who appears in masquerades. (Cf. v. 7, p. 149b.) The term is an *americanismo* obviously borrowed by Lope.

2682-2683. i.e., her biting or eating *(atarazea)* the herbs is the cause of her illness and of her madness.

2691-2711. Tomé is mentioning some of the more common herbs used by *hechiceras* in their potions. Agustín de Rojas in his *El viaje entretenido* of 1604, a work frequently cited by Arco y Garay (cf. p. 821), mentioned other herbs and objects used by a witch in her potion: "... habas, verbena, piedra del nido del águila ... pie de tejón, soga de ahorcado, granos de helecho, espina de erizo, flor de hiedra ..." (Op. cit., I, p. 86.)

A brief definition of each of the herbs mentioned by Tomé would here be appropriate: *alquimilla*, often equated with *pie de león*, is defined in the following manner by the *Enciclopedia universal ilustrada:* "género de plantas, de la familia de las rosácias ... formado por las plantas herbáceas, generalmente vivaces ... con hojas arbiculares, lobuladas o digitadas ... Es tónica y astringente." (Op. cit., v. 4, p. 937.) *Yerba mora*, according to the *Real Academia Española's Diccionario de la lengua española*, is a "... planta herbácea, anual, de la familia de las solanáceas ... fruto en baya negra. Se ha empleado como calmante." (Op. cit., p. 708.) The same source defines *amaro* as "... planta de la familia de las labiadas ... muy ramosa ... con hojas grandes, acorazonadas en la base y flores blancas. Se usa como tópico para las úlceras." (p. 77.) The *Academia's* dictionary gives the following definition of *yerba donzella;* "... planta herbácea, vivaz, de la familia de las apocináceas ... hojas en forma de corazón ... se usa como astringente." (p. 708.) and it calls the *pie de león* "... planta herbácea anual, de la familia de las rosáceas ... hojas algo abrazadoras, plegadas y hendidas en cineo lóbulos dentados, algo parecidos al pie de león, y flores pequeñas y verdosas." (p. 1022.) *Almoradux*, according to the *Enciclopedia universal ilustrada*, is the "... nombre vulgar del *eriganum majorana* L., de la familia de las labiáceas." (v. 4, p. 863.) When Lope wrote *yerba sana* he was, in all probability, referring to the *yerba cana* defined by the *Academia's* dictionary as "... planta herbácea de familia de las compuestas ... hojas blandas, gruesas ... flores amarillas y fruto seco." (p. 708.) The same dictionary tells us that *helecho* is a "... planta criptógrama, de la clase de las filiáceas, con frondas pecioladas ... divididas en segmentos oblongos, alternos y unidos entre sí por la base." (p. 700.) The *yerba de San Pedro* mentioned by Tomé could not be found in any reference works consulted. The *Vox, Diccionario general de la lengua española* defines *peregil* as "... planta herbácea ... hojas lustrosas partidas en tres gajos dentados, flores blancas o verdosas ... se usa como condimento." (Op. cit., p. 1273.) *Yerba buena* is defined by the same dictionary as "... planta labrada, herbácea, vivaz y aromática que se emplea como condimento." (p. 891.) The *Academia's* dictionary calls the *yerba de San Juan* "... todas aquellas que se venden el día de San Juan Bautista, que son muy olorosas o medicinales como mastranzo." These herbs are also called "*corazoncillos*." (p. 708.) The same dictionary describes *azederas* or *acederas* in this manner: "planta perenne de la familia de las poligonáceas ... hojas alternas y envainadoras, y flores pequeñas dispuestas en verticilos. Se emplea como condimento." (p. 13.) The *Vox* dictionary gives this definition of *verdolagas*: "planta cariofilácea de hojas carnosas pequeñas y ovaladas, que se comen en ensalada." (p. 1713.) *Mastranzo* is defined as "... planta labiada, aromática y medicinal que crece junto a las corrientes de agua." (p. 1069.) According to the *Academia's* dictionary, *yerba puntera* is the herb commonly called the *Siempreviva mayor* (p. 708), and *çumaque* is "... un arbusto ... con hojas compuestas de hojuelas ovales ... flores en panoja ... y lo emplean los zurradores como curtiente." (p. 1365.) The English equivalent is the sumach-shrub, hence Tomé and Inés' vacilation as to *cumaque's* being an herb.

2711. Tomás last word in his soliloquy is, in all probability, a comic twist to *derramélas,*

2738-2751. The *double-entendre* is evident in these lines, as the unwitting Félix is referring to a *trago de triaca*, while Blanca refers to the attack of jealousy which by now she has almost repelled. Félix offers *salud*, or the *triaca*, to Blanca, and she answers, in terms veiled to Félix, that her *salud* is don Juan, whom she now wishes to see. In a similar vein, Blanca tells Inés that she wants to see her *salud*, or Juan, who now answers her.

2758-2763. Tomé begins by referring to the fine teeth *(perlas)* in Blanca's mouth. He then makes a pun on *alxófar*, meaning "pearls," and here the drops of water from Blanca's mouth. Félix equates Blanca with *el alba* in a poetic comparison, and Tomé finishes the dialogue by balancing *alba* with *noche* and comically declaring that the teeth of those encountered in Madrid at night are *gruesas*, or not fine like Blanca's.

2796. Having been assured by don Juan of his love for her, Blanca now praises the herbs which have given her the opportunity, in her feigned madness, to test don Juan's love.

2799-2800. Compare the addage: "Heaven helps those who help themselves."

2811-2834. There is no mention of don Jerónimo de Ayanza in the encyclopedias or history books consulted, but it is quite evident from these lines that he must have been a soldier of remarkable achievements. Félix' speaking of Alcides (Hercules) in the same breath with Jerónimo de Ayanza indicates Lope's esteem for this man. Mention of Flandes recalls that during Felipe II's reign the wars in Flanders lasted some thirty years, and it was presumably during these wars that Jerónimo de Ayanza achieved his fame. Death, as Marcelo relates, claimed him at the age of sixty.

2855-2858. Here Tomé declares that the plan whereby Blanca pretended to be insane was his, and as soon as Marcelo consents to arrange his marriage to Inés, he (Tomé) will consider the entire task accomplished and will duly sign the work, as does any artist upon completing a masterpiece.

Tomé's Latin is erroneous, as it should read, "Ego feci" or "Factum me." A further example of Tomé's Latin can be seen in lines 2926-2928.

2911-2922. The use of armchairs carried by servants and of coaches was a sign of elegance and a custom quite popular with the women of Lope's time. In fact, a woman's elegance was deduced by such ostentation, as we see in *El villano en su rincón:*

> ¿Qué bestia le hubiera dado
> tantas joyas a mujer
> sin coche, silla, o traer,
> sólo un escudero al lado?
>
> (R., II, 135c)

2925-2932. It is generally accepted knowledge that Lope knew Latin, and that he had studied Horace, Ovid, Cicero and Pliny, among other Latin writers. In many of his plays he presents us with *lacayos*, students, doctors, and pharmacists, speaking Latin. In *Los melindres de Belisa*, Carrillo, the *gracioso* who has read Pliny, Horace and Lucan in translation, makes jest of those who pride themselves on knowing Latin and says:

> ...mas en verdad que me espanto
> de que tú te estimes tanto
> por el latín aprendido.
>
> (A., I, 322b)

As is evident, Tomé's Latin is heavily mixed with Castillian.

3005-3007. The close of some of Lope's plays, according to which all the characters are married, is at times given a humorous twist by having those men left without mates clasp hands. In *La dama boba* Feniso addresses Duardo at the play's conclusion and says:

> Vos y yo sólo faltamos.
> Dad acá esa mano hermosa.
>
> (Ed. Schevill, lines 3179-3180)

Here, no hands are joined by the male characters, but Tomé comically suggests that Félix content himself with one of the remaining males.

3010-3012. Note Tomé's pun on *palmatoria*, meaning small candlestick, as well as Inés' hand, which he has just won.

BIBLIOGRAPHY

I. *Editions of the works of Lope de Vega.*

    Biblioteca de autores españoles, Rivadeneyra, Madrid, 1846-1965, vols. I, II, III, IV.

    JULIÁ MARTÍNEZ, EDUARDO. *Obras dramáticas escogidas de Lope de Vega,* tomo V. Madrid: Hernando, 1935.

    MERRILL, MADRE, ed. Lope de Vega, *Lo que pasa en una tarde.* México: Nuevo Mundo, 1949.

    Obras escogidas, tomo II. Madrid: Aguilar, 1953.

    Obras de Lope de Vega publicadas por la Real Academia Española, Madrid, 1890-1913, 15 vols.

    Obras de Lope de Vega publicadas por la Real Academia Española (Nueva edición), Madrid, 1916-1930. 13 vols.

    PETROV, DMITRII K. *Publications of the Historical-Philological Faculty of the University of St. Petersburg,* tome II, vol. 82, St. Petersburg: Vineke, 1907.

II. *Studies of Lope de Vega and his works.*

    A. Critical editions.

        FICHTER, WILLIAM L., ed. Lope de Vega, *El sembrar en buena tierra.* New York: Modern Language Association of America, 1944.

        MONTESINOS, JOSÉ F., ed. Lope de Vega, *Barlaán y Josefat.* Madrid: Hernando, 1935.

        ——, ed. Lope de Vega, *El cuerdo loco.* Madrid; Sucesores de Hernando, 1922.

        ——, ed. Lope de Vega, *El Marqués de las Navas.* Hernando, 1925.

        ——, ed. Lope de Vega, *La corona merecida.* Madrid: Sucesores de Hernando, 1923.

        RAMÍREZ DE ARELLANO, DIANA, ed. Lope de Vega, *Los Ramírez de Arellano.* Madrid: Instituto de Estudios Madrileños, 1954.

        SCHEVILL, RUDOLPH. *The Dramatic Art of Lope de Vega, together with La dama boba.* Berkeley: University of Califorina Press, 1918.

B. Other Studies.

ADAMS, FRANCIS OSBORNE, JR. *Some Aspects of Lope de Vega's Dramatic Technique as Observed in his Autograph Plays.* Unpublished doctoral dissertation, University of Illinois, 1936.

ARCO Y GARAY, RICARDO DEL. *La sociedad española en las obras dramáticas de Lope de Vega.* Madrid: Escelicer, 1942.

ENTRAMBASAGUAS, JOAQUÍN DE. *Vida de Lope de Vega.* Barcelona: Labor, 1942.

———. *Vivir y crear de Lope de Vega.* Madrid: Aldus, 1946.

MARÍN, DIEGO. *La intriga secundaria en el teatro de Lope de Vega.* Toronto: University of Toronto Press, 1958.

———. *Uso y función de la versificación dramática en Lope de Vega.* Valencia: Castalia, 1962.

MENÉNDEZ PIDAL, RAMÓN. *De Cervantes y Lope de Vega.* Madrid: Espasa-Calpe, 1964.

MORLEY, S. G. and BRUERTON, C. *The Chronology of Lope de Vega's "Comedias".* New York: Modern Language Association of America, 1940.

MORLEY, S. G. and TYLER, R. W. *Los nombres de los personajes en las comedias de Lope de Vega.* Berkeley: University of California Press, 1961.

PÉREZ, LUIS C. y ESCRIBANO, F. SÁNCHEZ. *Afirmaciones de Lope de Vega sobre la perspectiva dramática.* Madrid: Consejo Superior de Investigaciones Científicas. 1961.

REED, F. O. "Spanish Usages and Customs in Lope de Vega." *Philological Quarterly,* I (1922), 117-127.

RENNERT, HUGO A. *The Life of Lope de Vega.* Glasgow: Stechert, 1904.

———. *The Spanish Stage in the Time of Lope de Vega.* New York: The Hispanic Society of America, 1909.

RENNERT, HUGO A. y CASTRO, AMÉRICO. *Vida de Lope de Vega.* Madrid: Sucesores de Hernando, 1919.

ROMERA-NAVARRO, M. *La perceptiva dramática de Lope de Vega y otros ensayos sobre el Fénix.* Madrid: Ediciones Yunque, 1935.

VOSSLER, KARL. *Lope de Vega y su tiempo.* Madrid: Revista de Occidente, 1940.

ZAMORA VICENTE, ALONSO. *Lope de Vega, su vida y su obra.* Madrid: Gredos, 1961.

III. *Other works consulted.*

A. Dictionaries.

BLEIBERG, GERMÁN Y MARÍAS, JULIÁN. *Diccionario de la literatura española,* 3a edición. Madrid: Revista de Occidente, 1964.

COVARRUBIAS OROZCO, SEBASTIÁN DE. *Tesoro de la lengua castellana o española.* Madrid: Luis Sánchez, 1611.

GILI GAYA, SAMUEL. *Vox-Diccionario general de la lengua española.* Barcelona: Bibliograf, 1964.

PAGÉS, ANICETO DE. *Gran diccionario de la lengua castellana (de autoridades),* v. III. Barcelona: Fomento comercial del libro, 1932.

REAL ACADEMIA ESPAÑOLA, *Diccionario de la lengua española.* Madrid: Espasa-Calpe, 1956.

TORO Y GISBERT, MIGUEL DE. *Pequeño Larousse Ilustrado.* Paris: Larousse, 1964.

B. Encyclopedias.

Collier's Encyclopedia. Volume 10, Collier Publishing Company, 1965.

Encyclopaedia Brittanica. Volumes 1, 2, 16, 22 and 23. Chicago: Benton, 1966.

Enciclopedia universal ilustrada. Volúmenes 4, 7, 23, 31, 34, 40, 44 and 53. Madrid: Espasa-Calpe, 1908.

C. Geographical studies.

MESONERO ROMANOS, RAMÓN DE. *El Antiguo Madrid.* Madrid: Ilustración española y americana, 1881.

———. *Manual de Madrid.* Madrid: Burgos, 1833.

ROBLES, FEDERICO CARLOS SÁINZ DE. *Madrid.* Madrid: Espasa-Calpe, 1962.

D. Historical works.

HERRERO GARCÍA, MIGUEL. *Ideas de los españoles del siglo XVII.* Madrid: Gredos, 1966.

MAAS, EDGAR. *The Dream of Philip II.* London: Westhouse, 1946.

MARÍN, DIEGO. *La civilización española.* New York: Holt, Rinehart and Winston, 1961.

MENÉNDEZ Y PELAYO, MARCELINO. *Historia de las ideas estéticas en España,* vol. II. Madrid: Consejo Superior de Investigaciones Científicas, 1942.

MERRIMAN, ROGER B. *The Rise of the Spanish Empire.* New York: The Macmillan Company, 1934.

ROJAS, AGUSTÍN DE. *El viaje entretenido.* Madrid: Bonilla, 1901.

VILLENA, ALFONSO PARDO MANUEL DE. *Un mecenas español del siglo XVII, el Conde de Lemos.* Madrid: Martin, 1912.

E. Literary studies.

BRENAN, GERALD. *The literature of the Spanish People.* Cleveland: World Publishing, 1965.

CERVANTES SAAVEDRA, MIGUEL DE. *Obras completas.* Madrid: Aguilar, 1962.

CHAMBERLIN, VERNON A. "Symbolic Green: A Time-Honored Characterizing Device in Spanish Literature." *Hispania,* II (1968), 29-37.

CHANDLER, RICHARD E. and SCHWARTZ, KESSEL. *A New History of Spanish Literature.* Baton Rouge: Louisiana State University Press, 1961.

CHAYTOR, H. J. *Dramatic Theory in Spain.* Cambridge: Cambridge University Press, 1925.

LOPE TOLEDO, JOSÉ M. *El poeta Francisco López de Zárate.* Logroño: Instituto de estudios riojanos, 1954.

MÉRIMÉE, HENRI. "El ayo de su hijo, de Guillén de Castro." *Bulletin Hispanique,* VIII (1906), 374-382.

PAZ Y MELIA, A. *Catálogo de las piezas de teatro que se conservan en el departamento de manuscritos de la Biblioteca Nacional.* Madrid: Blass, 1934.

QUEVEDO Y VILLEGAS, FRANCISCO DE. *Obras completas,* tomo II. Madrid: Aguilar, 1964.

ROJAS, FERNANDO DE. *La Celestina.* Madrid: Espasa-Calpe, 1966.

SPINGARN, JOEL E. *A History of Literary Criticism in the Renaissance.* New York: Columbia University Press, 1908.

F. Mythological studies.

HAMILTON, EDITH. *Mythology.* New York: The New American Library, 1940.

SEYFFERT, OSKAR. *A Dictionary of Classical Antiquities.* New York: Meridan Books, 1960.

LO QUE PASA EN UNA TARDE

I. ERRATA IN THE TEXT

Line 123	Should read	naypes
Line 137	" "	así
Line 199	" "	serafín
Line 630	" "	çédula
Line 697	" "	çédula
Line 739	" "	qué
Line 1109	" "	ti
Line 1578	" "	áspid
Line 2021	" "	Que
Line 2050	" "	Sí
Line 2060	" "	xamás
Line 2165	" "	sí
Line 2175	" "	pena.
Line 2272	" "	quién quién
Line 2571	" "	más

Line 2651   Blanca recites from this line to line 2665

II. ERRATA IN THE EXPLANATORY NOTES

Page 166, Note 1154-1160	Line 5	Should read	hunting
Page 168, Note 1255-1258	Line 2	" "	Sandóval
Page 172, Note 1578-1581	Line 1	" "	áspid
Page 174, Note 1735-1755	Line 4	" "	sutil
Page 176, Note 2005-2007	Line 5	" "	folloncicos
Page 181, Note 2510-2511	Line 2	" "	is mentioned
Page 182, Note 2615	Line 10	" "	más
Page 182, Note 2615	Line 17	" "	más
Page 183, Note 2691-2711	Line 10	" "	rosáceas

The Department of Romance Studies Digital Arts and Collaboration Lab at the University of North Carolina at Chapel Hill is proud to support the digitization of the North Carolina Studies in the Romance Languages and Literatures series.

www.ingramcontent.com/pod-product-compliance
Lightning Source LLC
Chambersburg PA
CBHW022022220426
43663CB00007B/1174